梁宁建 / 著

怎样培养高情商的孩子

上海社会科学院出版社
SHANGHAI ACADEMY OF SOCIAL SCIENCES PRESS

前　言

经常有人问我："心理学很有用，我对心理学很有兴趣，但我怎样才能学好心理学？怎样才能把心理学原理用来教育我的孩子呢？"我想，学习心理学首先要确定和了解心理的事实和范畴，就是要搞清楚哪些是心理，哪些是生理而不是心理。比如，我们都知道呼吸、心跳、消化等生理活动，但情绪、气质和性格等则都是心理活动。因此，除了了解这些心理活动以外，还要搞清楚这些心理事实的形成规律，尤其要了解气质、性格和情绪等心理活动是如何变化和发展的。同时，还要学会使用这些心理学知识和原理来分析孩子的行为特征和行为反应。

可是，许多父母在学习心理学知识时，往往只是对心理的事实和原理有了初步的了解后就浅尝辄止，所以许多人感到心理学难学。其实，心理事实包括心理过程、心理状态、心理能力和心理品质。心理过程是人的心理活动的加工厂，是对刺激和信息进行分析、存储、运用的过程。人的最主要的心理活动过程有感知、记忆、思维和想象等。人正是借助这些心理活动过程来获得关于世界和自身的知识和认识，促进人的心理成长和发展。心理状态就是所谓的心态，主要包括需要、动机、兴趣、情绪和理想等，人的许多心理活动极大地受到这些心理状态的影响。心理能力是指一个人从事某些活动并能够顺利有效完成的心理特征，主要包括智力、情商、意志力和社会适应能力。心理品质是一个人在行为活动中经常表现出来的比较稳定的心理活动特点，主要包括气质、性格、态度和品德等，它们影响着一个人的行为活动方向和水平。所以，心理事实是我们在考察自己或孩子的特定行为活动的发生和发展中的可能影响及实际作用。通过心理学知识的学习，让父母掌握一种看问题的新的角度，也就学会了从心理学角度考虑和分析自己所面临的问题。对于心理的本质的了解能够拓展人们对面临的问题的认识，从而促进这些问题的解决。

人自诩为万物之灵，是一种理性动物。客观事实是否如此呢？

有一天，下课时一位年轻的妈妈来找我，她愤怒地对我抱怨："当时，我真的很想打死他！捶死他！揍死他！真不知道我能不能控制住自己，我想，总有一天，不是我把他从楼上扔下去，就是他把我气死了。"

你能想象她口中的这个"他"是她的亲生儿子么？你会不会觉得这个妈妈是个恶毒的女人？

事实恰恰相反，她是一个善良甚至是有些怯懦的女人。你以为她不爱她的儿子？实际上她几乎把自己的所有的爱都放在了她儿子身上。难道她的儿子是个十恶不赦的坏蛋？不，他是一个聪明伶俐的6岁儿童。他曾愤怒地对他妈妈说："我恨死你了！我打死你！我不要你！"可是到了晚上，他又哭闹着、缠着要和妈妈一起睡。

这对母子的现状和大多数初为人父母的我们何其相似。究竟是什么原因造成了这样剪不断理还乱的亲子关系？

答案是两个字——情绪。这种失控的、紧张的，甚至带有愤怒的不良情绪给家庭带来了无尽的折磨。对于初为人父母的年轻家长而言，不良情绪可能会造成他们对家庭关系的倦怠甚至厌恶，而对初尝人生的孩子来说，更是会造成各种心理上、生理上的严重后果。没有一个家长希望自己的孩子长大成人后生活在不快乐或是自闭、消极之中，甚至走上犯罪的道路。然而，根据心理学家们旷日持久的研究证明，家庭关系的不和睦，会对孩子的成长造成难以挽回的伤害。

那么，该如何解决这样的情绪控制问题呢？

这就是这本书将要带给大家的一个概念：情绪智力。

从心理学上讲，人有智商，情绪也是有智商的。这就是我们常说的"情商"。再用心理学上更专业的说法，这叫作"情绪智力"。

情绪智力重要吗？当然！

心理学研究表明，一个人在其成长过程中会变得越来越理性，但仍然会受到心理的困扰，其中情绪问题最多。因此，情绪调节就非常重要，心理学认为，"一个人成功与否，20%取决于IQ（智商），80%取决于EQ（情商）"。

对父母来说，有一个聪慧、快乐的孩子是最大的心愿。但无奈的是，世界上并没有哪个父母是天生就能成为优秀的父母的，而且对于孩子来说，父母对他们的教育和培养只有一次机会，一旦错过了人生的某个重要阶段，或者没有及时通过学习掌握正确的教育方法，再要在未来弥补就很困难，甚至是几乎不可能了。

事实上，所有的父母，也需要与孩子一样，不断地学习，学会如何成为称职的父母。我们不仅要了解孩子的心理、生理发展，更要学会调整自己情绪，学会如何在陪伴过程中教养孩子，尤其要学会如何辅导孩子的情绪智力，使他能够茁壮成长。孩子的健康成长，需要父母给他们提供两种良好的环境：一是身体生长发育的良好环境，二是心理发展的良好情境。而大部分父母往往更关注于孩子的身体的生长与发育,至于孩子的心理是怎样发展的,孩子在感情上有哪些需要,则知之甚少。这其实和我们对幼儿心理的发生、发展及其变化的科学知识还不够普及有一定的关系。作为父母,既要调节好自己的心态,也要理解孩子在成长过程中的心思,更好地陪伴并与孩子共同成长。因此,要尽快补上这些心理学知识。

为此,我真诚地奉献出这本书,希望给初为人父母的夫妇们提供一个了解和掌握育儿心理方法的窗口。我想对各位亲爱的读者说,爱孩子就是要把温馨、关心、爱心带给他们。父母对孩子的爱,绝不是单纯建立在金钱基础上的,更不是简单的物质上的关怀。对孩子来说,一个微笑、一句表扬、一份赞许,就是父母给孩子最好的爱。

心理学知识告诉我们,一个人的童年经历对他有一辈子的影响。特殊的经历形成个体特别的心理活动,形成独特的个性心理特征。孩提时期的特殊经历,会使个体耐受孤独甚至喜欢孤独,也会导致桀骜不驯、总是蛮不讲理。为什么会出现这些巨大的差异?心理学研究表明,父母对待孩子的不同教养方式,是这些问题背后的重要原因之一。

心理学把父母教养孩子的方式分为四种类型:专制型父母、疏忽型父母、放任型父母和情绪辅导型父母。

你是哪种类型的父母呢?读完此书,我相信你会得到答案。当然,从心理学专业研究者角度来说,我衷心希望你是第四种类型的父母。但即使不是也不用紧张。因为当你认真看完这本书并努力实践之后,你就成为情绪辅导型父母之一了。

当你的孩子在你的耐心辅导下,懂得如何调节和对待自己的情绪,他就拥有了较高的情绪智力。而对于拥有情绪智力的儿童来说,他未来的发展道路相比同龄人将会更具平坦和顺利。而我也相信,对亲子之间的关系改善,情绪智力也会起到极大的推进作用。

在阅读此书前,有些阅读技巧与亲爱的读者分享:本书的前半部分相对理论化,对于心理学相关概念阐述的篇幅相对要大些。因为对于情绪智力的培养和训练来说,掌握与情绪有关的心理知识和教育理念是很重要的。当然,并不强求所有读者都要事先掌握这些心理学知识,因为本书的目的主要在于心理学理论在实际生活中的应用。因此,如果你觉得书的前半部分心理学知识点过多,有些还比较难懂的话,可以直接跳过去,直接从后两章的实际应用开始阅读,这些内容主要是练习,能帮助父母迅速理解和使用心理学的科学方法,等到运用熟练了再回过头来学习前面的理论基础部分。我相信,这样儿童教育的心理学理论你会理解得更为深刻,也更容易融会贯通地应用心理学知识。此时,我就要恭喜你!你向情绪辅导型父母又迈进了一大步!

孩子在身体、心理两方面的健康成长,是以孩子早期所具有的情绪情感环境为基本条件的。因此,只要父母能够根据情绪智力辅导的要求,培养孩子的情绪智力的自觉意识,调节控制好自己的情绪,保持乐观的心态,不断地进行自我激励,增强同情心,孩子的未来一定是美好的!

梁宁建
2019 年 4 月

目　录

1　孩子发脾气，你会怎么做 ………………………… 001
　专制型父母 ………………………………………… 003
　疏忽型父母 ………………………………………… 005
　放任型父母 ………………………………………… 007
　情绪辅导型父母 …………………………………… 009

2　先了解情绪智力，再决定如何去做 ……………… 015
　什么是情绪智力 …………………………………… 015
　情绪智力的起源 …………………………………… 016
　听戈尔曼博士解读情绪智力 ……………………… 017
　培养孩子的情绪智力有多重要 …………………… 025
　父母的重大影响 …………………………………… 027
　父母能怎么做 ……………………………………… 028
　气质对情绪智力的影响 …………………………… 031

3　认识孩子情绪智力的发展过程 …………………… 040
　婴儿期的情绪智力发展（0—12个月）…………… 040
　开始与父母有情感上的联系 ……………………… 042
　幼儿期的情绪智力发展（1—3岁）………………… 058

童年期的情绪智力发展(4—7岁) ·················· 067

4　培养高情绪智力孩子的辅导步骤 ·················· 075
　　基础——父母对孩子有同情心 ·················· 075
　　前提——父母对情绪的自我觉察 ·················· 079
　　步骤一：觉察孩子的情绪感受 ·················· 093
　　步骤二：认可孩子的负面情绪 ·················· 094
　　步骤三：倾听与肯定孩子的情绪感受 ·················· 095
　　步骤四：帮助孩子准确描述他的情绪感受 ·················· 097
　　步骤五：设置规范,帮助孩子解决情绪问题 ·················· 098
　　情绪智力辅导的操作原则与训练方法 ·················· 105
　　实例分析 ·················· 114
　　几点提醒 ·················· 116

5　情绪智力训练DIY ·················· 119
　　确立自我概念 ·················· 120
　　体验情绪情感 ·················· 134
　　心态与行为适应 ·················· 147
　　社交技巧与人际关系建立 ·················· 157

6　情绪智力指导语 ·················· 166
　　告诉孩子"尊重是什么" ·················· 166
　　告诉孩子"愤怒不是错" ·················· 173
　　告诉孩子"是非是什么" ·················· 181

1 孩子发脾气，你会怎么做

经常有母亲向我咨询孩子的教育问题。

"每天早晨，我都要哄着三岁的儿子给他穿上衣服送他去幼儿园，否则我上班就会迟到。可就在这种时候，他却慢吞吞地说不想去幼儿园了，要一个人留在家里。我急吼吼地叫着这是不行的，也是不可能的。他却倒地号啕大哭起来，我真不知如何是好。"

"我们两个人的工作都很忙，有时候晚上还要加班或者开会，只好请了一位钟点工来照看7岁的女儿，而她却经常满脸挂着泪珠向我们呜咽，不要把她丢给她不熟悉的人看护。我说这位阿姨是妈妈的好朋友，待人很热情，也很有耐心的……我好说歹说，她还是叫嚷着不让我们去开会或加班，气得我们……"

"我的儿子已经上初中二年级了，最近他的学习成绩一直在退步，听其他同学说，他放学以后经常去网吧打游戏。有一天,我找了个机会向他指出:'你这样下去是不行的。'他却竭力否认,说自己绝没有放学后去网吧。我说:'我才不相信呢。你放学后不去打游戏,成绩怎么会退步得那么快?'他愤怒地瞪着两眼,一言不发地夺门而出,急得我们不知怎么办才好。"

为什么父母和孩子的想法和做法不一致?为什么孩子经常情绪激动,容易被激怒呢?

三个家庭,三个母亲,三个处在不同成长阶段的孩子……

三种冲突,三种行为,三种处在不同情境的父母和孩子的心理感受……

所有这些,都凸显出父母所面临的相似问题,具有共性,虽然痛苦和烦恼的原因各不相同,但我们仍然可以找到解决问题的共同规律和途径——如何应对情绪激动的孩子。

对于活泼可爱的孩子,我们既感到十分熟悉,又感到非常陌生。孩子的一言一行既能让人一目了然,又是那么令人费解。孩子是那么惹人怜爱、令人激动与自豪,却又那么让人深感困惑与迷茫。要把一个弱小无助、不谙世事的孩子,培育成为有智慧、有感情、有个性、有创造力的社会人是父母共同的心愿与期望,但在如何教育与培养孩子方面父母却存在着很大的差别。而现实中能与孩子建立起良好的、健全的人际关系的父母并不能算很多。

大多数人,无论是外行还是心理学家,都认为父母在家庭生活过程中起的作用主要是树立榜样、教育和制定规则,如果在社会化过程中,父母和孩子的角色颠倒,家庭就会失去正常的功能,并且会导致孩子反过来管控父母。心理学研究表明,有三种类型的父母,无法有效地处理孩子的负面情绪。换句话说,他们在对孩子的不同行为模式和进行情绪智力的教育上是失败的。

专制型父母

这类父母会经常随意制定或改变规则,同时还要求孩子无条件服从,信奉"棍棒底下出孝子",对孩子的负面情绪或不当行为往往用体罚的方式解决,包括严厉的谴责、打骂或惩罚,导致孩子非常恐惧或悲哀。

这种类型的父母在现实生活中很多,最显著的表现特征是老爱批评、打骂孩子,缺乏对孩子的同情心,他们不仅忽视、否认或淡化孩子的负面情绪,例如愤怒[①]、哀伤、恐惧等,而且在孩子表现出上述这些负面情绪时,父母还会给予严厉的指责、训斥、咒骂或惩罚。

专制型父母往往把注意力放在自己制定的规则上,但又不会给每条规矩赋予合理的理由,而是把"因为我说要这样"作为孩子无条件服从的理由。在对待孩子发泄情绪的行为上,从不去试图探究孩子产生这些行为的真正原因。我们经常看见,一位母亲见女儿发脾气时乱踢乱跳、又哭又闹,她会因为讨厌这种行为而狠狠地揍孩子一顿,却不去探究或耐心地听取女儿生气的原因。一位父亲会因为儿子在晚上睡觉前哭闹不止而责骂他,却从来没有想到孩子的哭闹也许是因为对黑暗的恐惧或是因孤单一人而害怕。

专制型父母常常是以批评的态度来应对或处理孩子的负面情绪状态,把否定、谴责或惩罚作为处理孩子情绪活动的主要方式,并且认为孩子的哭闹是对父母的一种要挟、一种控制,仅仅是要引起他们的注意。

[①] 愤怒:一种激活水平很高的爆发式的负面情绪,一般发生于孩子在身体或心理上的强烈愿望受限制时。

如果父母将孩子的眼泪或愤怒视为孩子对付自己的一种手段,把孩子的负面情绪状态视为与自己斗争的一种形式,把孩子的哭闹视为想从父母这儿获得利益,否则就无休止地哭喊或闹别扭,那么教育的唯一的办法就是"教训"他、威胁他和惩罚他。在这种情形下,父母们觉得所有的"教训",包括打骂、威胁等惩罚手段,都是合理的、应该的,甚至是必须的。还有的父母会找出这样的理由:责骂或处罚孩子是让孩子改掉"坏脾气"或是让孩子"变得更坚强",而不成为"胆小鬼"或"哭泣包"。

然而根据儿童心理学的研究,这样的方式会让孩子很难相信自己所作出的判断是否正确,因为他们被父母不断地告知自己的那些情绪感受是毫无根据的、微不足道的、不适当的、不正确的。有些孩子为此表现为沉默寡言、焦虑不安和闷闷不乐。等孩子稍稍长大之后,他们仍然会认为自己的感受是与他人尤其是与父母不同,是天生存在着问题的,这会使他们的自尊心、自信心严重受挫。在将来遇到学习中必须克服的困难而要调整自己的情绪和独立解决问题时,也会遇到更多的心理障碍和更多的困难。

心理学研究发现,比起其他同年龄的孩子,被父母专制情绪影响的孩子,在注意力集中、良好学习习惯的养成、遵守规矩、与同年龄人的交往相处等方面都会出现许多问题与麻烦。由于孩子在表现出自己的情绪时会受到父母的责骂或惩罚,他们会得出这样的结论:情绪感受的表达是可怕的,它可能会给自己带来耻辱、恐惧、痛苦、虐待或严惩。但是,与满足需要密切相关的情绪情感不表现并不说明它们不存在或者消失了,相反地,它们会转换为另一种形式隐藏在内心深处,并且在更深层次影响人的身心与个性特征。

由此,我们就能知道:我们传统观念中为了保护孩子而进行的某些行为,诸如:为了维护孩子的情绪,刻意为其营造出快乐、无忧无虑环境的努力;为了造就所谓的"坚强"的男子汉,家长就惩罚孩子所表现出的恐惧或悲伤的情绪;为了培养"贤淑"的女孩子,就千方百计地"赞扬"与"鼓励"孩子,把愤怒压抑下去并以笑脸相迎等行为,正在以我们肉眼所不能见的速度侵害着孩子们的心理健康。

以上的这些想法或做法,如不及时改变,就有可能导致在孩子情商教育上的失败。

那正确的应该怎么做?我们认为,父母应尽量创造机会或情境让孩子去体验自己的情绪情感,并使之学会有效地处理自己的感情困惑或负面情绪问题。这样,在他们长大以后,面对剧烈的社会竞争和人生的严酷挑战时才会顺利应对并获得成功。

疏忽型父母

这类父母对孩子放任自流,不参与孩子的活动或游戏,对孩子出现的负面情绪往往采取熟视无睹、不理不睬的态度,认为只要学习好、成绩好、身体好,其他的都不重要。

如果你告诉某位妈妈,在对孩子情绪情感教育方面她属于疏忽型的父母时,她大概会感到非常惊讶。在日常生活中,这位妈妈会说她很爱孩子,并且花费了大量时间与他共度时光。当孩子高兴时,她也会感到高兴;当孩子伤心时,尤其是当孩子哭泣时,她会尽力地去哄他,并问他是否需要些什么东西:玩具?看电影?逛公园?还设法与他一起去解决伤心的事情。

然而,这恰恰是父母没有做到位的表现。那就是:如何正确面对孩子的负面情绪。这类父母往往有种想法:我如果真的把注意力集中在了孩子的伤感的问题上,那不就等于是给孩子火上浇油或在"伤口"上撒一把盐吗?于是,他们将心比心,既然他们自己也不想愤怒或悲伤的感受长久地影响自己的生活，不希望这些负面情绪制约和影响着自己的一生，自然就更不希望自己的孩子也受到这些负面情绪的消极影响。

忽视或忽略负面情绪和情感的心理状况以及行为表现，是许多疏忽型父母在童年或幼年时学习或习得的应对行为模式。比如，有的父母是在暴戾的家庭中成长起来的，可能他或她的记忆中还时时浮现出二三十年前自己父母的激烈争吵与打骂的情景，以及由于各种原因导致的自己与他人愤愤不平的对抗。因此，他们不愿意孩子重复自己孩提时的不愉快状况，也不希望孩子提及或触及他们以前的冲突或心理创痛，或者闪躲和掩饰，或者恼怒和不安。这样，孩子在感受到父母在负面情绪方面的不安状态时，也就不愿再提起类似问题了。父母因此失去了洞察孩子真正需要的情感是什么的机会，也不会用适当的方式方法去安慰感到迷茫和烦恼的孩子，甚至可能会把孩子所感到的悲伤或愤怒及其表现视为要达到某种目的的手段，于是就采取不理睬或冷淡处置的方式来应对孩子的烦恼、挫折或悲伤，把孩子由于某种问题或事情所引起的负面情绪及情感简单化、缩小化甚至弃置一旁，让它逐渐从记忆中衰退、消失、被遗忘，这样孩子就不可能得到他们所需要的慰藉与理解。

疏忽型父母在对待孩子情绪情感问题时往往存在着一个令人费解的想法，即认为幽默或微笑往往要比忧郁、悲伤更好。所以，父母就会千方百计地去"淡化"孩子的负面情绪，比如用逗笑、取笑或耻笑的方式，去使一个正在忿忿不平的孩子淡化他的不满感受。不管父母所使用的语言或行为举止是否出于好心或是夹带着某些讽刺挖苦的羞辱，对孩子来说，他们得到的信息其实都是相同的，即"你们作为父母，对我碰到的事情的评价都是错误的，你们的结论毫无根据、捕风捉影、自以为是。其实事情根本不是这么一回事，你们根本不懂我的心情"。

有许多采用各种方法去淡化孩子的负面情绪或根本不知道重视孩子情绪情感的父母，他们总认为自己的所作所为都是为了孩子好，都是正确的，因为"他们还是孩子嘛，许多东西还不懂，我还不是为他们好"。父母把这种对孩子丰富多彩的情绪情感用冷漠的、不近情理的态度给予合理化的解释。把孩子摔玩具、与游戏中的同伴争吵打架等负面情绪视为小事一桩，把它们跟自己的生存压力与忧虑，如下岗、失业、离婚、负债或人际关系紧张等问题相比，认为是微不足道的，并推论说，孩子的言行都是不理性的，他们的悲伤或不愉快主要是对社会、人生的不了解，并不值得大人去重视。如此这般，在这样的家庭环境中长大的孩子往往容易产生不安全依恋，没有足够安全感。在童年期和成年期会经常遇到人际交往上的障碍，尤其到了青春期容易出现不良行为。由于没有机会学习如何去调适自己的情绪，当他们碰到一点困难时，就会深感悲伤或处于沮丧之中；当他们碰到不如意时，往往就会深感愤怒并时有失控伤人、伤物之举；当他们碰到无法排遣的难堪或嫉妒时，又往往因不知如何加以适当压抑而得罪他人，并会出现药物滥用、酒精成瘾、游戏成瘾和过早出现性行为等。

放任型父母

信奉"佛系育儿"。这些父母往往表现得很热情并且乐于助人，很少给孩子制定规则、给予要求，也很少强制孩子做什么或不能做什么。他们一般能够接受并以同情心来对待孩子的负面情绪，允许孩子自己做决定并且控制自己的行为。但对孩子出现负面情绪或不当行为时往往又无计可施,也不知道如何给予正确引导或加以控制,得过且过。

这种类型的父母有一个最大的特点是完全"包容"孩子的情绪情感体验与行为表现,不管是积极的抑或消极负面的。他们的"包容"似乎很具有"同情心"。他们无条件地接受孩子所表现出来的各种各样的情绪情感,包括负面情绪。经过一段时间以后,孩子也慢慢地了解和体验到了,不管自己如何表示或表现,对爸爸妈妈来说一切都可以"答应"或"默许"。

其实,这种类型的父母对孩子各种情绪或行为的"赞同"或"许可"是表面现象,实质是这些父母在指导孩子如何面对和处理负面情绪时的知识缺乏和能力不足,根本不知道或很少了解如何辅导孩子去处理负面情绪,以至于出现了不愿意或"不干涉"的鸵鸟策略。

在现实生活中,我们发现,这种类型的父母占据了相当大的比例,他们不太懂得如何帮助孩子在应对情绪过程中获得经验,也不知道如何辅导孩子在自己的情绪经验中进一步学习,他们既不教导孩子如何去解决所碰到的问题,在规范孩子的言行上也无能为力,感到力不从心。在这种状况下,父母唯一的办法就是让孩子"享有过分自由""无条件地接受",以致纵容孩子表现出各种不适当的或不合适的情绪和行为。久而久之,经常出现愤怒情绪而没有得到适当指导的孩子,就会变得富有侵略性,并会利用自己的语言或行动来伤害其他人,极具攻击性。而一个经常感到伤心、哭闹的孩子,由于父母的呆滞反应、未察觉或根本不知道用什么办法去安慰他们,慢慢地变得孤僻、恐惧,进而把自己封闭起来,不和外界接触与交往。

可见,放任型父母并不知道在给予孩子生命的同时,在情绪情感方面要给孩子什么,要怎样辅导孩子的情绪情感。说他们从来不曾在这方面思考过或学习过是不恰当的。只是他们在模模糊糊地希望给孩子"更多爱"的同时,感到迷惑与困惑的是,除了自己全身心地给孩子买吃、买穿、买玩具等的"爱",尽量让孩子高兴之余,自己还能够做些什么呢?这样的父母心里是愿意让孩子生活得更愉快、更幸福的,但恰恰相反的是,由于父母无法提供给孩子如何处理负面情绪的正确指导,以致孩子情绪智力较低,很难应对现代社会激烈竞争的环境,自制力以及独立生活能力较弱,从而处处碰壁,无所作为,深感不愉快。

放任型父母在对孩子的情绪智力辅导方面的最大问题是无条件地接受孩子的情绪情感,不愿意去注意孩子的感受,甚至当孩子已经出现了强烈的负面情绪时也总是表现出冷淡的、否定的态度与行为,从而导致孩子的情绪智力发展迟滞,无法学会调节与控制自己的情绪,缺乏调控自己行为的能力,也就很难集中注意力去捕捉新信息、学习新知识、掌握新技能,最终容易影响其在校的学习成绩。在社会交往方面,尤其在结交朋友和维持朋友关系方面也会遭遇到很大的困难。

情绪辅导型父母

此类家长一般具有以下特征:

- **观察敏锐。**能够觉察到孩子出现的、即使是偶尔出现的各种负面情绪。
- **经常沟通。**了解情绪智力教育的基本内容,能够与自己的孩子沟通、亲近,并能适时地给予正确指导。
- **耐心聆听。**以同情心去耐心倾听,并能确认自己孩子当时的情绪和情感感受。

● **善于引导。**能够帮助孩子寻找并运用某些词汇来表达自己正在发泄的情绪,比如愤怒、悲哀、痛苦、焦虑等。

● **有计划有节制。**能够为解决孩子目前出现的情绪情感问题去思索、计划,为达到对孩子的情绪智力的教育目的而设定某些限制。

事实上,情绪智力教育的观念是非常重要的,它来自发展心理学的基本原理和父母对孩子的深厚爱心。但遗憾的是,普通家庭的父母并不会因为深爱自己的孩子就自然而然地具备情绪智力教育的能力,那种对孩子的温馨照料的方法也并不是与生俱来的。

从一定意义上来说,我们这里说的情绪智力教育是一种教育的艺术,它需要父母对孩子所处情绪状态有全面的观察、耐心倾听,并对孩子的内心感受形成共鸣,从而采用恰当的方式来解决孩子由于情绪变化而引发的各类行为。

情绪辅导型的父母会给孩子设立较高但是切合实际、有理有据的标准,实施既限制又鼓励的行为方式,乐于与孩子共同探讨规则和制定规则的理由,让孩子明白哪些规则为什么是必需的、哪些行为是不被许可的,这会让孩子更容易将其内化并且遵守,就算他们的父母不在身边,他们依然会按规则行事。情绪辅导型父母往往能够很好地接受孩子的情绪情感以及与其相关联的一系列行为表现,他们不会忽视或否认孩子的感受,也不会由于孩子的情绪表现不佳而去取笑他们。这种类型的父母是孩子情绪情感发展的辅导员,他们不但会很好地接纳孩子的情绪情感,而且会正确规范孩子出现的不适当的行为表现,并且会教导孩子如何调整好他们自己的情绪情感,去寻找合适的宣泄负面情绪的渠道与方式方法,以及鼓励他们自己去解决发生在身边的各种各样的问题。

一般来说，情绪辅导型的父母都有一个共同的特征，往往是比较热情的、敏感的、亲切的、善于给予孩子鼓励和支持的，并且他们拥有较强的自制力、社会交往能力和责任感，他们对于自己和所关爱的孩子的情绪情感具有很强的洞察力，会关注自己所有的情绪情感和孩子所具有的情绪情感，包括负面的情绪，诸如忧伤、愤怒、恐惧、焦虑等在生活中的影响作用。同时会很清楚地认识到，负面情绪有时会发挥出另外的效果。

例如，一位父亲因上司专横的态度，激发起他的刻苦学习和创造力的提升，并获得成功。一位母亲因为忧郁而导致情绪低落时，往往会把注意力从自己的身上转移到孩子身上，看看是否自己的孩子也有与她相似的情绪感受，并尝试着与孩子交流来说出各自的情绪感受，结果在双方的沟通与交往中增加了母亲与孩子之间的亲情关系。通过对孩子情绪情感表达的了解，父母与孩子共享了同样价值观与情绪情感，孩子以获得父母对自己的尊重而感到欣慰，从而使原来的负面情绪转变为正面情绪。

为何会出现以上令人欣慰的状况呢？这是因为情绪辅导型父母能够在孩子出现负面情绪时不抱怨，并且予以重视。当孩子愤怒、伤心、恐惧、焦虑时，他们表现出更多的耐心，更愿意花时间去与哭闹或极度焦虑的孩子相处，更注重倾听，更像同龄人那样平等地与孩子商讨如何对待导致他们负面情绪产生的事情与根源。

情绪辅导型父母往往还会鼓励孩子对情绪情感要真实表现。他们经常告诉孩子，当自己对某事或某人愤怒时就要直接表现出来，不要去掩饰或压抑，要知道愤怒并不表示他们不乖，或者是人们对他们感到讨厌。愤怒的情绪也有有价值方面，那就是使别人了解你对某事、某人或某些做法的不同意见与态度。而对于孩子自己来说，愤怒情绪的宣泄也能够使自己的心理保持健康。

另一方面，情绪辅导型父母在规范孩子的行为时，还会教导他以非破坏的方式来表达自己的愤怒情绪。为使孩子长大后能与他人和睦相处，父母在他们很小的时候就辅导他们学会纾解内心郁闷感受的方法，和能使他人对其行为给予理解的方式。类似于这种辅导方式，情绪辅导型父母的家庭中是经常见到的。一个基本的原则是：孩子所有的感受与愿望表达都是被允许的，但不包括他们所有的行为。尤其是当孩子表现出伤害他人甚至伤害自己的行为时，辅导型父母就会去阻止，并引导孩子用一些无害活动的方式来表达情绪，而不会躲避或视而不见。他们要让孩子知道，必须学会如何调节和控制自己的情绪情感。比如当孩子生气时，引导他们去做一些可放松身心的活动，或让他去户外跑一圈，把无用的纸张撕碎，等等。这些活动能使那些因挫折感而导致的愤怒的负面情绪有所减轻逐渐消失。

情绪辅导型父母明白在人生的崎岖道路上，情绪情感的力量与重要性。他们一般不害怕或担心在自己的孩子面前直接表现出悲哀或不愉快的负面情绪体验，比如伤心时的哭泣、生气时的失态等。但他们会在事后与孩子交流伤心、生气的原因，并以自己为例，将有效调控的、建设性的表达情绪的方式传授给孩子。其实，父母之间的情绪表达方式会给予孩子许许多多处理情绪情感的方法。比如，孩子看到自己的父母在激烈争吵后又友善地商讨解决双方之间的不和，那他们就会学习到一种缓解冲突以及和解情绪的处理方式。同样，孩子看到父母亲极度难受的情绪，如离婚或祖父母去世等，也可以从中学习到如何正确处理悲伤和绝望的方式，并能深刻体验到悲伤情感，学会慰藉他人情感的方式，从而产生自信心。

情绪辅导型父母除了给予孩子情绪辅导外，还给予一些具有建设性意义的惩罚，前者是指导孩子如何正确调控自己的情绪情感,后者是让孩子清楚地了解品行不端的后果。对于这种情绪的辅导加惩罚的模式,孩子会越来越适应,不良行为问题也会逐渐减少,在学业上表现良好,具有较强的独立能力和较高的自尊,尤其有助于孩子在童年中期以及青少年期内化更多的道德标准。这大致有以下四个方面:

第一,情绪辅导型父母会在孩子的情绪还不是很强烈的时候就给予反应,而且始终如一。也就是说,他们不是等到孩子的情绪已经激动到一定程度并迫切期望有人去关心他时才表示关怀。这样,孩子在经历一段时间后会明显地意识到父母是了解他的,对他是有同情心的,还关心他生活中的所有举动,这样他就没有必要为了吸引父母的注意、感受父母的关怀而采取哭闹的行为。

第二,如果孩子年幼时就能接受父母的情绪辅导,那么,他就能学会对自己的情绪进行有效的调节与控制,并会发展出自我慰藉、自我宣泄负面情绪的技巧,而且会在内外压力下保持冷静,较少出现不理智行动或品行不端的现象。

第三,情绪辅导型父母不会采取压抑或反对孩子的情绪情感的做法,亲子双方发生摩擦的机会较少,心理上比较融洽。也就是说,孩子不会因为失望而哭闹或由于没有获得满足而发泄时被父母责骂或严厉制止。

第四,情绪辅导型父母对孩子的教养作风使得父母与子女之间更具亲和力和结合力,孩子对父母的要求与期望也会作出积极的反应。孩子往往把父母视为知心朋友,愿意听从他们的教导,也愿意把自己的感受向父母直接表示出来,更愿意取悦父母,很少让父母失望。总之,接受父母情绪辅导的孩子在学业成绩、身心健康以及与同伴之间的关系上都会有很好的表现,较少出现行为问题,能够自主地把负面情绪进行调节与控制。情绪智力发展迅速,使孩子有了充分的心理准备去应对目前和将来的难题和挑战。

　　了解上述四种类型的父母的教育风格后,你或许会为自己不属于情绪辅导型父母而感到沮丧。

　　可世上并没有天生合格的父母,情绪辅导型父母也是在与孩子一起学习、成长过程中逐步学会的。所以,我相信,读完本书后,你也一定能做到,前提是你读了这本书后要认真去实践。

2　先了解情绪智力,再决定如何去做

什么是情绪智力

现代心理学的大量研究表明,对孩子的教养,不仅仅是在智力上的开发与训练,还必须关注孩子的情绪生活。因为情绪管理对孩子今后的智慧开发、意识活动和人格的良好发展有着重要的意义。事实上,孩子往往是通过自己的感知和情绪来认识环境、反馈环境的,同时也是根据情绪的意象来认定自己、了解自己的。也就是说,情绪管理,是孩子在成长过程中最熟悉、最直接的体验。

可以说,在构筑情绪体验与情绪意识的过程中,孩提时代的情绪活动是最明显、最直接的智力标志。孩子们通过情绪活动来激发起自己的注意力、好奇心、敏感性、信念以及理解力等,从而形成稳定的个性和基本的智力特征。

由此可见,对情绪的认知和处理能力,比智商(intelligent quotient,IQ)更能影响一个人今后事业的成功与家庭的幸福,这就是"情绪智力"(emotional intelligence)的最基本特性。它有个更广为人知的名字——情商。

情绪智力的起源

在开始情绪智力这个话题前，我们先来说一说情绪智力这个概念的起源。

情绪智力概念最早由美国耶鲁大学心理学家沙洛维和新罕布什尔大学的梅耶于1990年提出。1995年，美国著名心理学家、《纽约时报》专栏作家丹尼尔·戈尔曼博士（Daniel Goleman）出版了著作《情绪智力》（Emotional Intelligence）。这以后情绪智力概念开始为大家所熟悉。沙洛维和梅耶把情绪智力看作个体监控自己和他人的情绪和情感，并识别、利用这些信息指导自己的思想和行为的能力。戈尔曼认为，人有两个大脑：一个是理智的大脑，负责思维；一个是情绪的大脑，负责感受与体验。

每种观念的产生，都是两个大脑共同运作的结果，它们既不同但又相互作用，由此构建了每个人的精神世界。理智的大脑，在进行各种认识事物的过程中，具有清醒的意识，能够清楚地思考、反省和解决问题。与之相辅相成的情绪大脑，则是另外的认知模式，有时会出现不合时宜的动作、混乱的逻辑推理和冲动的行为等。但是，它同样是强有力的。

理智与情绪对行为的影响与控制存在着明显的差异：当情绪越来越强烈，情绪大脑占主导时，理智大脑的作用就会急剧下降，此时人出现非理智行为的可能性就会上升。因此，情绪与理智应该保持平衡，情绪推动着理智的活动，理智则时刻修正并调节和控制着情绪的冲动。在心理学者看来，人生的成功与否，主要取决于情绪与理智之间的相互协调和制约。也就是说，你想要事业成功、生活幸福，不仅需要有高的理智思考，更需要有良好的情绪管理能力。

这便是智商和情商（emotional quotient，EQ）概念的雏形。

戈尔曼认为，每个人想要控制好自己的情绪，都应该学会三种能力：

- 学会正确认识自己的情绪以及别人对自己情绪反应的能力。
- 学会分析自己的情绪特点以及从他人对情绪反应中作出准确选择的能力。
- 学会辨别、认识和表示自己的某些期望、愿望或不安、恐惧等情绪的能力。

戈尔曼的建议，乍听起来给人"听过许多故事，却依然过不好这一生"的感觉，但对于初为人父母的你来说，戈尔曼博士指明了一条塑造情绪智力的大致方向。

作为父母，不但要通过自己的言行来对孩子进行智力上的培养，更应该注重情绪方面的引导，而且还应该以身作则，正确地处理与表达自己的情绪与感情。因为父母是孩子理所当然的第一任情绪教练兼情商指导老师。

听戈尔曼博士解读情绪智力

1960年，美国斯坦福大学心理学家瓦特·米歇尔（Walter Mischel）把4岁左右的孩子带到一间陈设简陋的房间里，然后在桌上给他们每人一颗好吃的软糖，同时告诉他们，如果马上吃软糖只能吃1颗；如果20分钟后再吃，将多奖励1颗软糖，即总共每人可以吃到2颗软糖。结果有的孩子急不可待，马上把软糖吃掉了。有的孩子则能耐心等待，暂时不去吃软糖。他们为了使自己控制自己想吃软糖,耐住性子,或闭上眼睛不去看软糖,或头枕双臂自言自语……结果,这些孩子最后吃到了2颗软糖。

实验后对参加这个实验的孩子们进行了长达14年的追踪,一直到他们高中毕业。研究结果显示,一些能等待并最后吃到2颗软糖的孩子,在青少年时期,仍能等待机遇而不急于求成,他们身上具有一种为了更大更远目标而暂时牺牲眼前利益的能力,即自控能力。而那些急不可待只吃1颗软糖的孩子,在青少年时期,则表现得比较固执、虚荣或优柔寡断。当自己某些欲望产生时,无法控制自己,一定要马上满足欲望,否则就无法静下心来继续做接下来的事情。总之,能等待的孩子的成功率远高于那些不能等待的孩子,并且明显比不能抗拒诱惑力的孩子在学习、品行上有着更为显著的优异表现。戈尔曼研究了20世纪以来的天才,也同样验证了"一个人的成功与否,20％取决于IQ、80％取决于EQ"的观点。

对于这个观点,戈尔曼博士系统地阐述了情绪智力的概念及其表现,并把情绪智力概括为了五种能力:情绪的自我觉察能力、情绪的自我调控能力、情绪的自我激励能力、对他人情绪的识别能力和处理人际关系的能力。

这些能力会影响一个人的学习、工作与生活的成功或失败。他认为,在一个人走向成功的过程中,智商和情商缺一不可。智力是成功的根本,只有具备了较高的智力水平,才有可能获得成功。但是,光有智力,并不能保证获得成功,还必须具有较高的情商,它可以更好地推动一个人去争取并获得成功的机会。如果说,智商能将成功的机会带给一个人的话,那么,情商则会从多方位、多角度、多层次地帮助一个人抓住成功的机会,真正获得成功。因此,既有较高的智力水平,又有较高情商的人,成功与胜利就会青睐他们。

我们来详细看看戈尔曼博士关于情绪智力的内容。

情绪的自我觉察能力

自我觉察,即当自己某种情绪刚一出现时便能够察觉的能力。它是情绪智力的核心。

一个人所具备的、能够监控自己的情绪以及对经常变化的情绪状态的知觉,是自我理解和心理领悟力的基础。如果一个人不具有这种对情绪的自我觉察能力,或者说不认识自己的真实的情绪感受的话,就容易听凭自己的情绪任意地摆布,以至于做出许多悔恨终身的事情来。

伟大的哲学家苏格拉底的一句"认识你自己",道出了情绪智力的核心与实质。但是,在实际生活中,可以发现,人们在处理自己的情绪与行为表现时风格迥异。

自我觉知型 这种情绪风格的人一般表现为:当自己的情绪一出现时,不管是积极的情绪,抑或是消极的情绪,都能够马上察觉到。由于能够对自己的情绪状态有充分的了解,并对自己的情绪有清晰的认识,进而形成了能够自如掌控情绪的人格特质。

这种情绪风格的人,一般都拥有积极的人生观和价值观,心理健康。如果遇到不顺心的事情或是情绪低落时,不会怨声载道、唉声叹气或萎靡不振,而是努力调适,很快恢复。

自我觉知型的人能够有效地控制与管理自己的情绪,因而是一个身心健康的人。

自我沉溺型 这种情绪风格的人一般表现为:常常把自己卷入情绪的狂风暴雨中而不能自拔,听凭情绪的发作,表现出情绪多变并且反复无常的特点。在陷入情绪的旋涡后,听任自我沉溺于恶劣的情绪之中，但又无心且无力摆脱；常常处于情绪的失控状态，自感被压倒与击溃。

自我认可型　这种情绪风格的人一般表现为：对自己的感受了解得一清二楚，也能够接受并认可自己的情绪，但并不打算去改变某些负面情绪。这一情绪类型还可以划分为两种亚型：

第一种是乐天知命型。这种人平时总是高高兴兴，不愿意也认为没有必要去改变情绪。

第二种是悲观绝望型。这种人虽然能够清晰地认识到自己的情绪状态，而且也明知是某种不良的负面情绪，但采取"任其自然"的无所谓态度，无论有多么大的烦恼与悲伤，总是采取无所作为的方式来消极应对。其实，许多抑郁症患者就是这样的典型表现，并往往束手待毙于绝望和痛苦之中。

▎情绪的自我调控能力

自我调控是指控制自己的情绪活动以及抑制情绪冲动的能力。情绪的调控能力建立在对情绪状态的自我觉知的基础上，这种能力的高低，会影响一个人的工作、学习与生活水平。当情绪的自我调控能力低下时，就会使自己处于痛苦的情绪旋涡中；反之，则可以从情感的挫折或失败中迅速调整、控制并且摆脱而重整旗鼓。

情绪调控能力的核心是自制力，它是一个人在抗衡因挫折或失败而引起的情绪激怒，以免成为自己的情绪奴隶的能力。对情绪的自制力最主要的是保持心理的平衡，而不是压抑自己的情绪。其实，人的每种情绪都有其作用与意义，没有情感的生活是枯燥乏味的，它与我们所期望的丰富多彩的人生不一致。这里所说的对情绪的自制力，是要一个人具有适度的情绪，并且与生活的环境相互协调和适应。如果一个人对情绪缺乏自制力,以致对情绪失控,就会走上极端,产生焦虑、抑郁、偏执、狂躁等病态的情绪。

保持情感健康的关键是能够抑制自己不良或不愉快的情绪,能够使自己绚丽多彩、起伏波动的情绪保持平衡,将自己积极和消极的情绪之间的比例保持在适当范围内。心理学的研究表明,人的情绪情感的健康与人的智力关系并不明显,而与一个人的情绪智力相关,即人的心理健康,很重要的是取决于其情绪智力(情商)的高低。

情绪的自我激励能力

自我激励能力是指引导或推动自己去达到预定目的的情绪倾向的能力。它是一个人为服从自己的某种目标而产生、调动与指挥自己情绪的能力。一个人做任何事情要想成功,那就要集中注意力,学会自我激励、自我把握,尽力发挥自己的创造潜力,这就需要具备对情绪的自我调节与控制,能够对自己的需要延迟满足,能够压抑自己的某种情绪冲动。

比如,某学生由于失恋而感到气愤、压抑或不愉快时,就不能很好地听课,也就无法学好知识,因为负面情绪影响了注意力,使在学习过程中的"工作记忆"的认知功能失去了作用,看上去他在听课,其实什么也没有听进去。

对情绪的自我激励是成功的基础。能够自我激励的人,往往是积极热情、进取自信的。心理学家对奥运会冠军获得者、国际象棋特级大师的研究发现,他们的共同特点是能够自我激励,不畏困难与失败,具备鞭策自己为达到目标而进行艰苦训练的心理与能力。

具有情绪的自我激励能力,就能够把自己的情绪与情感引向建设性的目标上；能够使个体控制与调节情绪冲动；为了达到目标，能够推迟眼前的诱因与需要的满足；并且能够很好地调整自己的心态，使自己的情绪与情感有助于思考，有助于激励自己百折不挠、锐意进取，有助于自己寻找解决各种问题的方法与途径。

所有这些，都能够提高自己的工作、学习、生活的质量和效率。

▍对他人情绪的识别能力

对他人情绪的识别能力是指具有觉察他人的感情与需求，关心周围事情的能力。这种能力是在对情绪的自我觉知的基础上发展起来的，也是一个人最基本的人际交往与建立人际关系的能力。这种能力可以使一个人分享他人情感，对他人感同身受，并且能够客观地理解、分析他人的情绪。

这样的能力在一个人的成长过程中发挥着重要的作用。如果一个人既对自己的情绪情感闭目塞听，又对他人的情绪情感的表达无动于衷或云里雾里，就不可能与他人建立起融洽的人际关系，也不可能与他人有和谐的人际交往。

长此发展，就会变得感情淡漠，对人对事反应不足或在与他人交往时显得惊慌失措、烦躁沮丧，尤其是父母与孩子之间，如果情绪情感的和谐关系被损害的话，就会给孩子的心理造成极为痛苦的情绪创伤。

值得关注的是，对他人情绪的识别能力是从婴儿期就开始发展起来的。一岁左右的孩子，在看到别人跌倒而哭时，他也会像自己跌倒一样哭起来；见到别人的手指割破出血时，他会把自己的手指放在嘴里吸吮，或者马上躲在妈妈的怀里寻求安慰。随着孩子的成长，他会逐渐理解自己的情绪感受，而且也能够认识到他人在某种环境下的情绪感受与情绪表达，从而进行有效的人际交往。

所以，一个人能够识别他人的情绪感受，就能够通过一些细微的人际信息，敏锐地感受到他人的需要与愿望，并与他人进行和谐的交往，使自己快乐而不忧虑、热情而不呆板，使自己的人格更具完善。

处理人际关系的协调能力

处理人际关系的协调能力是指善于调节与控制他人情绪反应，并能够使他人产生自己所期待的反应的能力。

一般来说，能否处理好人际关系是一个人是否被社会接纳与受欢迎的基础。在处理人际关系过程中，重要的是能否正确地向他人展示自己的情绪情感，因为，一个人的情绪表现会对接受者即刻产生影响。如果你发出的情绪信息能够感染和影响对方的话，那么，人际交往就会顺利进行并且深入发展。当然，在交往过程中，自己要能够很好地调节与控制住情绪，所有这些都需要人际交往的技能。

为了能够处理好人际关系，一般需要以下四种技能：

• 对自己与他人情绪情感的组织技能。这既包括对自己情绪的产生、发展及其变化的调控，也包括对他人情绪的激发、表达与协调的技能。在操场上指挥一群伙伴进行对抗性游戏的"孩子王"身上就可以看到这种很强的情绪组织能力。

• 对自己与他人情绪情感的协调技能。当出现情绪问题时，能够通过一定的方法与途径来协调并制止冲突，解决情绪问题。这在孩子的游戏中经常可以看到孩子们不断地调停争端、排解纷争。

• 与他人建立良好人际关系的能力。这是最重要的技能，因为一个人凭借这种技能，可以自如地与他人打交道，敏锐地辨别、认识和恰如其分地对他人的情绪情感进行关注与反应。既能卓有成效地影响或说服其他人,也能够明白无误地表达自己的准确信息并能使他人理解,这样的人是很受欢迎的。

● **对他人情绪情感的分析能力。**对他人的情绪能够准确地探测,并能够洞察他人的情感、动机或担忧的技能,知道他人是如何感受与交流情绪与友情的。这样的人一般已经掌握了比较娴熟的社会交往技能,人际关系好,人们喜欢跟他在一起,是情绪与情感的激励者。同时,他又能够监控自己的情绪表达恰到好处,随机应变地反应他人的情绪情感。具有对他人情绪分析技能的人,既能够鼓动和引导他人从事某种工作、学习或游戏,又能够促成或控制事情向好的方向发展;既能够与众人沟通,解决各种各样的问题与分歧,也能够培养和建立起和谐的人际关系、与他人的合作与协调的关系,通过与他人的齐心协力,发挥群体效应,实现群体的共同目标。

对他人情绪的识别与辨别,以及对人际关系的协调与处理技能,决定了一个人如何更好地去建立良好、和谐的人际关系。近年来的心理学研究发现,男性的情绪信息加工,尤其是积极情绪感受,主要集中在大脑左半球,而女性则是利用大脑两个半球来加工情绪信息的。下面这组问题可供你测试一下自己的"情商"。

情商问卷

给以下每个项目选择一个答案。

1. 当我有很微弱的情绪时,我总是能意识到。

    总是 通常 有时 很少 从不

2. 我能延迟满足我所追求的目标,而不会犹豫、冲动或失去控制。

    总是 通常 有时 很少 从不

3. 面对挫折或失望时我保持希望和乐观，而不是放弃。

　　总是　通常　有时　很少　从不

4. 我对他人情绪的敏锐感知能使我同情他人的困境。

　　总是　通常　有时　很少　从不

5. 我能感觉到人群或关系动向并且非语言地表达情感。

　　总是　通常　有时　很少　从不

6. 我能减轻或抑制沮丧的情感，以使它们不会妨碍我做我需要做的事。

　　总是　通常　有时　很少　从不

　　计分方法如下：总是＝4分；通常＝3分；有时＝2分；很少＝1分；从不＝0分。

　　你的总分越接近24分，表明你的情商越高。

培养孩子的情绪智力有多重要

　　上文已经提到，有许多研究显示，一个人的成功，约只有20%归属于智商(IQ)的高低，而大约有80%则取决于情商(EQ)。情商高的人，总是比较愉快，人生态度积极，人际关系和谐，头脑清醒，获得成功的机会大。用一句话来概括：一个人有聪明的大脑(高IQ分数)，不如有一个清醒的头脑(高EQ分数)。

　　　有一天，一位父亲对一位哭泣的小女孩大声地数落："我提醒过你的，叫你不要忘记戴校徽，你怎么又忘记了？你到底有没有记性的？"原来是小女孩忘记戴校徽，进不了学校，因为学校规定学生不戴校徽不可以进学校。学校旁边的小卖部是有卖校徽的，但是，她父亲就是不肯给她买。这时，一位学生的家长在旁边插话说:"给她买一块校徽好了,今天要考试,孩子心情不好,考试也考不好的。"但这位父亲则说:"考不好的话,你今天就不要回家了。"

看着那个小女孩伤心的样子,我想这位家长对孩子的情绪感受力实在太差劲了。也许他感受到了自己的不愉快的负面情绪,以及自己不断出现的烦恼,但是不能体验孩子的情绪感受。

在现实中还有许多孩子,宁愿独处也不愿意与他人交往,有事宁愿藏在心底也不愿袒露。他们缺乏活力,心情不愉快,过分依赖父母或其他人。他们感到很孤独,怕这怕那,顾虑重重,既想追求尽善尽美,又感受不到别人对自己的爱。他们紧张、悲哀、沮丧,做事时总是难以集中注意力。他们不能安静地坐上一段时间,常做白日梦,想入非非。有的孩子行为莽撞,过度紧张以至于不能专注思考,学业不良。有的孩子由于不能摆脱被动消极的想法,混迹于不良青少年之中,说谎、欺骗、争吵和打架。有的孩子对别人心怀恶意,常想引人注目,以至于毁坏他人财物,不服从师长,喜怒无常,脏话连篇,恶作剧不断,脾气极坏。

人是一种感性动物,其实是很容易情绪冲动的,而有些人更容易冲动一些,打开近年来的各种媒体可以发现,媒体上所报道的暴力、抢劫、强奸等青少年犯罪案例,个个触目惊心。过去青少年在解决某些纷争时,最多是拳脚相向,用打架斗殴的方式来加以解决。而今要么不犯,要犯就是你死我活的恶性案件。究其原因,现在的青少年情绪很不稳定,很容易发怒,又不会控制与调节自己的情绪与冲动,更不善于用头脑来分析可能产生的后果,只能用极端手段来解决争端,以至于事后后悔不已。孩子既不善于避免争端,又不会适当地去解决争端,这种缺乏基本人生技能的状况,其重要原因是父母乃至整个社会并不注重对孩子进行情绪智力的培养和教育,导致他们情绪调控力的缺失,同时更不知道如何提高孩子的情绪智商。

研究发现,能够对孩子进行正确情绪智力教育的父母,比那些没有给孩子正确情绪智力教育的父母,他们的孩子往往有更健康的身体状况和比较优秀的学业成绩,能够与其他人融洽地和睦相处,很少有行为问题,更少具有暴力倾向和负面情绪。

尤其需要指出的是,给予正确的情绪智力教育的孩子,一旦遭遇到障碍、困难与挫折时,一样会产生难受、愤怒、恐惧或痛苦等负面情绪,但他们能够纾解、宣泄和慰藉自己,能很快地从忧伤中恢复过来并继续参与各项活动。由此可见,他们在情绪活动上是明智的。

父母的重大影响

好的教育,榜样的作用很重要。好的教育,首先是启发孩子的学习兴趣,学习的自觉性,培养孩子的上进心,引导孩子好好学习,让孩子在不知不觉中受到感染和教育,让孩子在潜移默化中健康成长。在这方面,父母的榜样作用很重要,言传不如身教。研究表明,在家庭中,如果由父亲来担当对孩子的情绪智力教育,当父亲能及时察觉和了解孩子的情绪与内心感受并帮助他们去解决负面情绪时(这对孩子的情绪发展有着非常有利的影响),孩子在人际交往方面以及在建立良好人际关系方面都有着上佳的表现。反之,如果孩子的父亲对情绪智力的教育不屑一顾,或者是一位性格孤僻的父亲,既严厉又挑剔地对待孩子的情绪,甚至当孩子出现强烈的负面情绪时也不闻不问的话,他的孩子就极有可能是功课差、常打架或经常发生挑衅行为的人,身体状况也会欠佳。由此可见,在孩子的生活中,父亲角色以及父亲对孩子的影响与教育是非常重要的,也是不可忽略的。一个能在情绪方面和自己孩子进行沟通与交流的父亲,会给孩子的健康成长带来无穷的益处。反之,一个情感冷淡或性格孤僻、严厉的父亲,会给自己的孩子在心灵上烙下极其深刻的受到伤害的印迹,从而影响他的情绪智力的健康发展。

父母能怎么做

每一位父母都拥有对自己和他人情绪情感的理解力,这影响着父母如何考虑自己与孩子之间的交流,因此,在日常生活中父母应用情绪知识的能力十分重要,对许多重要结果变量而言,如何在选择上获得成功,情商与智商一样重要。父母的情商包括两个部分。第一个部分是父母个人方面,包括自我情绪的知觉和管理。能够监测到自己的情绪唤醒并能够支配自己的情绪,这并不是说要压抑自己的情绪,也不意味着放任自己的情绪,而是能够有效地管理情绪,恰当地表达情绪和情感。第二个部分表现在人际关系方面的共情。共情的重要指标是能够读懂孩子的非言语行为的能力,包括手势、口语、音调和面部表情。父母的情绪智力体现在管理人际关系的能力,即如何有效地管理孩子或与孩子有关人员之间的情感交流,也就是既要管理好自己的情绪,也要对孩子等人的情绪敏感。为此,父母应该做到以下几点。

▎严格要求不心软

当父母需要对孩子在日常生活中的言论与行为制定规矩时,就得严格要求。当发现孩子有了过失时,就要明确告诉他为什么会发生错误,今后如何避免再发生类似的错误,而不要简单放弃,置之不理。

如果你觉得孩子并没有尽力去做或去改正错误时,就直接说出你对他的行为的失望感受。一般来说,只要父母跟孩子建立了情感上的融洽关系,父母亲的一言一行对孩子来说都会有很大的指导作用与影响力。

最好避免隔代教育

现代家庭中的父母,由于工作都很繁忙,往往把孩子托付给爷爷奶奶或者外公外婆,甚至是老师,当然,他们都可以作为孩子在生活和学习中的情绪智力辅导员。但是,心理学研究认为,最能胜任情绪智力教育的人不是别人,而是孩子的父母。毕竟,要求孩子的言行符合社会行为规则,所有这些都是由父母来决定的,而且,当孩子在遭遇到某些难题、困境或挫折时,孩子首先想到的或要告诉的人就是自己的爸爸妈妈。如果你希望孩子将来能够独立处理情绪上的问题,独立应对所面临的压力和挫折,并逐渐发展健康的身心关系的话,那么,从现在开始就必须重视与开展对孩子进行情绪智力的教育。

把负面情绪信息降至最低

今天的父母所面对的孩子,绝大多数是独生子女,如何对他们进行有效的教育与训练,这是以前几代人,尤其是父母们所没有遇到过的新问题、新挑战。今天的父母,不仅要给孩子提供最基本的抚养条件、提供接受良好教育的条件以及培养良好道德品质的榜样,而且更需要关心他们在现实生活中应对剧烈竞争所带来的生存能力、竞争能力等问题。孩子承载着家庭的寄托、国家的期望、自己的向往,但由于目前学校的道德教育存在不足,家庭的道德教育又存在着某些错位，社会道德环境仍然存在着许多文化垃圾的污染，尤其是互联网信息良莠不齐，孩子的自我保护意识和防范侵害的能力相对薄弱，缺乏足够的分辨是非能力和对社会诱因的自控能力，容易因浏览那些不良网站而遭受"网络垃圾"的侵害，其中尤以身心健康的损害的问题最甚。因此，作为父母，就应该在孩子未成熟到足以能够慎重地作出负责任的、安全的选择前，给予正确的情绪智力教育与指导，使他们在面对繁杂问题并需要作出抉择时，能够头脑清醒，通过分析思考后再作出正确决策；面对眼花缭乱、五花八门的社会环境中的不良信息具有免疫能力。

为孩子营造良好的生长环境

多年来，许多研究都证实了由于家庭环境因素而导致的孩子情绪问题，比如离婚、父母争吵不休、家庭暴力、不良的家庭教育、对孩子正当需求不予满足或不正当需求却一味迁就、虐待孩子等，都会使孩子由于情绪情感问题而步入反社会、违法或极端行为的行列。尤其是那些在家庭中经常受到情绪困扰的孩子，就会带着同样的困惑或情绪来到学校，加上有些电影、电视等含有宣扬暴力的内容，从而增强学生暴力行为倾向，学校也因此逐渐成为愈来愈多的离异家庭的孩子、受虐待的孩子以及被忽视的孩子的情绪情感的避风港、情绪冲动的宣泄场所。由于不断出现的学生心理与行为问题，有条件的学校已经配置了心理辅导专职教师并开展了卓有成效的心理咨询工作，这也从另一个侧面反映了当前孩子的心理压力和情绪困惑与时俱增的堪忧现状。

在孩子身上多花些时间

随着我国经济的不断发展，社会竞争压力剧增，家庭中每个成员都受到前所未有的生存与发展的巨大压力。为了应对这些压力，父母把更多的时间投入工作和进修之中，孩子则更多地把时间投入学习之中，因此，有限的时间只能花在一些最基本的家庭生活中，比如睡觉、家务、吃饭。一家人在一起，尤其是和孩子相聚在一起玩耍、交流的时间少之又少，这样就使愈来愈多的家庭失去了父母与孩子之间由交往而建立起的深厚感情，当然也就影响到孩子的身心健康与今后的幸福。其实，要让孩子感到身心安全以及健康成长，有效做法就是要和孩子有一个稳定和牢固的感情结合，借此来帮助孩子发展更高的智力和更高层次的情绪智力。已有大量的研究证明，能够感受到父母的情感和父母支持、尊重和重视的孩子，很少有暴力行为、吸食毒品、少年自杀以及其他犯罪行为，大多表现出成绩优良、人际关系良好，心理健康并感到生活幸福。

气质对情绪智力的影响

对人类个性心理特征的差异性本质——生物学机制的研究，有着悠久的历史。远在2 500多年以前，古希腊医学家就认为，人的生理和心理状态主要决定于人体体液（血液、黏液、胆液、胃液）的数量比例关系，不同的体液比例形成了不同个性的气质特点。研究表明，孩子的情绪智力在某种程度上受其气质的影响——气质是与生俱来的个性心理特征之一，通俗的说法就是脾气。

心理学中的气质概念，是指人们心理活动动力方面特征的总和，是人们最为稳固、最为典型的个性心理特征。心理活动的动力性特点，主要是指心理活动的速度（如知觉与思维的快慢、注意力集中时间长短）、强度（如情绪的强、弱，大脑皮层工作能力的强、弱和意志力强、弱）、稳定性（如心理活动倾向于外物，还是倾向于自身的心理体验)等,这种特点使个体在全然不同的环境或活动中显示出同样的风貌和色彩。气质不依赖于活动的内容、动机和目的,而是顽强地无意识地表现出它的天赋特性和遗传的"痕迹"。

一个人的举止言行、风格,如何与他人交往,如何表达自己的情感,如何工作和休息,如何对事物作出适当的反应等,都体现出气质的特点。气质是每个人独特的个性心理特征,它是人的神经动力特点和心理动力特点的结合,所以气质既是遗传的、先天决定的,又不是一成不变的。一个人的生活过程中,由于年龄、环境、教育等的变化,特别是社会生活、经历中所发生重大事件的影响,使气质在一定程度上也会发生变化。但这种变化比起个性的其他方面,如性格、能力等,要困难的多。俗话说,"江山易改,秉性难移",就是指人的气质。

19世纪德国心理学家赫尔巴特以情感和运动的激动性强弱作为气质类型的基本特色。他认为,多血质的人主要表现为愉快的情感,抑郁质的人表现为不愉快的情感,胆汁质的人则表现为情感强烈和运动的激动性强,而黏液质的人则表现为情感和运动的激动性弱。现代心理学家奠基人冯特以情感的强度和速度、深度和广度以及态度与活动来作为区分四种气质类型的基本特征。他认为胆汁质的人表现为情感强而快,态度不愉快,活动紧张。黏液质的人则表现为情感弱而慢,态度愉快,活动安静。多血质与抑郁质的人亦表现为相反的特点。

气质最早是由古希腊著名医生希波克拉底提出的。希波克拉底根据大量病人的临床观察认为:"人的身体内含有血液、黏液、黄胆汁、黑胆汁四种体液,这些都是人体的自然特征。这些体液的多寡可能决定了人得病或健康。当人非常健康时,就是这些体液相互混合的比例、性能和能量十分适宜地处于混合充分的状态。"这些体液混合的比例决定了一个人的气质,人的气质可以分为四种:多血质、胆汁质、黏液质和抑郁质。多血质的孩子表现为适应新环境的能力强、活泼好动、喜怒无常、随和爽朗;胆汁质的孩子表现为易怒性急、热情直率、积极倔强;黏液质的孩子表现为感情迟钝、反应慢且弱,能坚持;抑郁质的孩子表现为固执谨慎、抑郁寡言、敏感消极。显然,把人的脾气归为体液是缺乏科学根据的。后来,俄国生理学家、心理学家巴甫洛夫通过大量的动物实验研究,根据大脑皮层兴奋过程与意志过程的强度、平衡性和灵活性的特征,提出了用高级神经活动类型理论来科学地解释这四种气质类型。

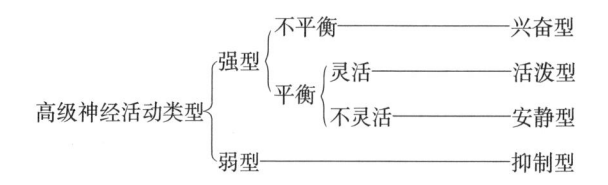

```
                    ┌ 强型 ┌ 不平衡 ──── 兴奋型
                    │      │         ┌ 灵活 ──── 活泼型
高级神经活动类型 ┤      └ 平衡 ┤
                    │                └ 不灵活 ── 安静型
                    └ 弱型 ─────────────── 抑制型
```

巴甫洛夫的高级神经活动理论认为,高级神经活动类型是人的气质类型的生理基础,而气质类型则是人的高级神经活动类型的心理表现。因此,孩子的情绪情感同样会受到父母的脾气的影响,孩子的脾气也在与父母之间的互动中逐渐塑造形成。尽管这一过程是缓慢的,但是有一点却是重要的:在孩子的高级神经活动系统还未完全成熟之前,父母对孩子的情绪智力进行辅导或帮助孩子对自己情绪进行正确的指导,那孩子就可以获得正向的情绪智力经验,这对孩子的气质、智力和情商的发展都具有积极的影响。可见,父母想要培养情绪智力高的孩子,首先就要了解自己处理感情的各种方法以及孩子们是如何受到自己感情的影响的。

有兴趣的父母,可以通过下面的气质调查表来了解自己或孩子属于哪一种气质类型。

气质调查表

气质无所谓优劣。请你依次阅读下列问题,然后在与你的实际情况相符的问题后面给予相应的评分:

很符合自己的情况	记2分
比较符合	记1分
介于符合与不符合之间	记0分
比较不符合	记-1分
完全不符合	记-2分

1. 做事力求稳妥,不做无把握的事。（ ）
2. 遇到可气的事就怒不可遏,想把心里话全说出来才痛快。（ ）
3. 宁肯一个人干事,不愿很多人在一起。（ ）
4. 到一个新环境很快就能适应。（ ）
5. 厌恶那些强烈的刺激,如尖叫、噪声、危险镜头等。（ ）
6. 和人争吵时,总是先发制人,喜欢挑衅。（ ）
7. 喜欢安静的环境。（ ）
8. 善于和人交往。（ ）
9. 羡慕那种善于克制自己感情的人。（ ）
10. 生活有规律,很少违反作息制度。（ ）
11. 在多数情况下情绪是乐观的。（ ）
12. 碰到陌生人觉得很拘束。（ ）
13. 遇到令人气愤的事,能很好地自我克制。（ ）
14. 做事总是有旺盛的精力。（ ）
15. 遇到问题时常常举棋不定,优柔寡断。（ ）
16. 在人群中从不觉得过分拘束。（ ）
17. 情绪高昂时,觉得干什么都有趣;情绪低落时,又觉得什么

都没意思。 (　)

18. 当注意力集中于一事物时,别的事很难使我分心。(　)
19. 理解问题总比别人快。 (　)
20. 碰到危险情景时,常有一种极度恐怖感。 (　)
21. 对学习、工作、事业怀有很高的热情。 (　)
22. 能够长时间做枯燥、单调的工作。 (　)
23. 符合兴趣的事情,干起来劲头十足,否则就不想干。

(　)

24. 一点小事就能引起情绪波动。 (　)
25. 讨厌做那种需要耐心、细致的工作。 (　)
26. 与人交往不卑不亢。 (　)
27. 喜欢参加热闹的活动。 (　)
28. 爱看感情细腻、描写人物内心活动的文学作品。(　)
29. 工作、学习时间长了,常感到厌倦。 (　)
30. 不喜欢长时间谈论一个问题,愿意实际动手干。(　)
31. 宁愿侃侃而谈,不愿窃窃私语。 (　)
32. 别人说我总是闷闷不乐。 (　)
33. 理解问题常比别人慢些。 (　)
34. 疲倦时只要短暂地休息就能精神抖擞,重新投入工作。

(　)

35. 心里有话,宁可自己想,不愿说出来。 (　)
36. 认准一个目标就希望尽快实现,不达目的,誓不罢休。

(　)

37. 同样和别人学习、工作一段时间后,常比别人更疲倦。

(　)

38. 做事有些莽撞,常常不考虑后果。 (　)

39. 老师或师傅讲授新知识、技术时,总是希望他讲慢些,多重复几遍。（　）
40. 能够很快地忘记那些不愉快的事情。（　）
41. 做作业或完成一件工作总比别人花的时间多。（　）
42. 喜欢运动量大的剧烈体育活动,或参加各种文艺活动。（　）
43. 不能很好地把注意力从一件事转移到另一件事上去。（　）
44. 接受一个任务后,就希望把它迅速解决。（　）
45. 认为墨守成规比冒险强些。（　）
46. 能够同时注意几件事物。（　）
47. 当我烦闷的时候,别人很难使我高兴起来。（　）
48. 爱看情节起伏跌宕、激动人心的小说。（　）
49. 对工作抱认真严谨、始终一贯的态度。（　）
50. 和周围人们的关系总是相处不好。（　）
51. 喜欢复习学过的知识,重复做已经掌握的工作。（　）
52. 希望做变化大、花样多的工作。（　）
53. 小时候会背的诗歌,我似乎比别人记得清楚。（　）
54. 别人说我"语出伤人",可我并不觉得这样。（　）
55. 在体育活动中,常因反应慢而落后。（　）
56. 反应敏捷,头脑机智。（　）
57. 喜欢有条理而不甚麻烦的工作。（　）
58. 兴奋的事常常使我失眠。（　）
59. 老师讲新概念,常常听不懂,但弄懂以后就很难忘记。（　）
60. 假如工作枯燥无味,马上就会情绪低落。（　）

记分方法:根据题号后的得分相加得出每种气质类型的总分。若某气质类型总分高于其他气质类型13分,则为该气质类型;低于13分,为混合型气质类型,比如:多血质—黏液质混合型;黏液质—抑郁质混合型等。

胆汁质	题号	2	6	9	14	17	21	27	31	36	38	42	48	50	54	58	总分
	得分																
多血质	题号	4	8	11	16	19	23	25	29	34	40	44	46	52	56	60	总分
	得分																
黏液质	题号	1	7	10	13	18	22	26	30	33	39	43	45	49	55	57	总分
	得分																
抑郁质	题号	3	5	12	15	20	24	28	32	35	37	41	47	51	53	59	总分
	得分																

你可能经常听到父母用诸如"很害羞""不外向"等词语来形容他们的孩子,你也许会认为这些是父母通过观察孩子的行为得到的。其实你错了,因为,孩子的气质差异在孩子刚出生的几天基本上就确定了。事实上,每个孩子具有自己独特的行为模式,或具有对环境的独特气质类型反应。父母教育孩子的方式会影响孩子的气质。例如,母亲对孩子的反应与孩子的内向程度有关。当母亲批评孩子内向时,他们反而会更加内向。相反,如果对孩子的内向给予宽容,孩子们会随着年龄的增长变得越来越开朗。心理学研究表明,孩子的气质维度上的表现能够预测其在童年期或青春期可能会出现行为问题。如果孩子在年龄较小的时候表现得较冲动,他们在青春期就有可能会变得冲动、具有攻击性,出现危险行为。

孩子的气质也会影响父母的教养方式,从而影响孩子将来的表现。例如,性情急躁的孩子,他们的父母会比其他父母更容易展示出不和谐的教养方式,最后,孩子天生的气质和家庭对其反应的相互作用塑造了孩子的个性。

气质没有好坏之分,每种气质类型的人都有可能发展出积极或消极的品质,都有可能成为品质优良、道德高尚的人,也可能成为品德低劣、性格不良的人。同时,气质也不能决定一个人的社会价值和成就高低。因此,作为孩子的父母应该注意:

第一,要意识到每个孩子的秉性不同,明白每个孩子存在的个体差异;要充分意识到气质没有好坏之分,它只能告诉你如何去了解孩子,以及如何有效地与孩子进行良好的沟通和相处。

第二,应该透彻地分析孩子的气质类型及特点,找到适应其气质类型的方法来培养孩子。比如,可以教育胆汁质的孩子发挥其敢于做事的长处,同时又要加强培养孩子的修养,以礼待人;对于多血质的孩子,要教育孩子发挥善于接受新信息的特长,同时着重培养孩子做事认真、踏实、专注的好习惯;对于黏液质的孩子,父母要鼓励孩子发挥坚忍不拔的意志力,另外要培养孩子干脆利落、果断的做事风格;面对抑郁质的孩子,则可以发扬孩子细心谨慎的长处,培养其艺术感受力,同时要着重培养孩子的人际交往能力,鼓励孩子坚强勇敢、不畏困难。

第三,应该引导孩子认识自己的气质类型,实现自我提升。让孩子理解自己所属气质的优势与不足,通过自我调节加以改善,就能在更大程度上提高孩子的学业成就和行为水平。

3 认识孩子情绪智力的发展过程

我们经常听到年轻的夫妇无奈地说:"我刚刚搞懂该给婴儿吃什么、睡多久、如何哄他时,事情又发生了变化。不知不觉中孩子已经长大了。"这的确是真实的感受,因为孩子每天都在变化。随着孩子的成长,父母要不断地调整心态,改变辅导的方式方法来适应孩子的需要。但是,要记住,有一种东西是永恒不变的,那就是孩子希望与关爱和体贴他的父母保持良好的心理关系。

让我们先来了解一下,孩子在每个成长阶段中的情绪智力是如何发展变化的。

婴儿期的情绪智力发展(0—12个月)

婴儿期是个体为0—1岁的时期,这是目前世界上比较通用的划分。我国心理学家还特别强调了在婴儿期中所包括的另外两个比较重要的智力发展阶段,一个是新生儿阶段,一个是乳儿阶段。

新生儿(0—1个月) 新生儿时期是从孩子出生到满1个月的

时间。这是婴儿期中一个比较特殊的时期,它是儿童心理的发生期,儿童心理发展的第一步就是从这时开始的。出生一个月以内的婴儿的动作是由反射主导的。这些动作确保了他们在新的世界里得以生存。吸吮、吞咽、咳嗽和眨眼是新生儿能马上表现出的一些重要的行为。新生儿会移动胳膊、腿或者身体其他的部位远离有害的刺激,还会试着移开遮住脸的毯子或衣服。当轻抚新生儿的脸颊时,会触发觅食反射,孩子会张开嘴巴并且灵敏地开始寻找乳头。到了一定时候,大多数的反射会为更加从容、协调的动作行为所替代。其实,孩子的生命并不是从新生儿才开始的,而是从受精卵开始一直到形成完整胎儿的这个阶段,我们称之为胎儿期。这一时期为儿童心理的发生和发展提供了重要的物质基础。

新生儿期一般具有以下特点:

第一,从生理上的寄居生活转为独立的生活。胎儿是通过母亲的身体来进行新陈代谢的,出生后才与外部世界建立独立的关系,开始独立的生理活动,它为儿童心理的发生与发展提供了基础条件。

第二,个体心理现象开始发生。心理活动是由脑对客观现象的反映,是揭示和加工刺激物信号意义的过程。由于新生儿开始了与客观环境现实的直接接触,最初的心理活动开始产生。

第三,新生儿具有两面性。一方面由于刚出生,处于软弱无力,时时需要父母的关心与照料;另一方面则又有着极大的发展潜能,身心发展极其迅速。

乳儿(1个月—12个月) 这个时期的婴儿已从吃奶逐步过渡到断奶,并开始学习吃普通食物。

在动作和语言发育上,已经从随意动作到能够掌握一些简单词句并能与他人进行最简单的言语交流。

这一年的婴儿里已开始出现三大特点:直立行走、双手动作和言语活动。

开始与父母有情感上的联系

那么,从新生儿到一周岁,孩子是何时与父母开始有情感上的联系的呢?有人说,孩子在子宫内就对母亲的紧张、平静、激动或愉快状态有反应了;也有人认为,孩子出生后,由于父母的搂抱、喂食、抚摸等皮肤接触才产生亲子之间的感情联系;还有人认为,孩子在出生几周后,当婴儿向父亲或母亲展露他的第一个衷心的微笑时才具有情感上的联系的。

我们可以看到,当婴儿到了一定年龄时,孩子和父母分离时会哭会闹,有些父母认为这些行为是孩子不良的行为特征,这种想法是错误的。心理学把婴儿的这种行为称为依恋,是婴儿和父母之间早期亲密关系建立的过程,如果这种情感联系发展不良的话,会对婴儿的成长带来严重的负面影响。许多人认为,婴儿对父母产生依恋是因为父母为婴儿提供了维系生命所需要的食物,其实不然,心理学研究表明,仅向婴儿提供食物并不能让婴儿对父母的照顾产生情感上的依恋。心理学实验中,通过两个假的"母猴"(一个用铁丝网做成的假"母猴"和一个在铁丝网上填充绒布的假"母猴"),喂食的奶瓶安置在任意的一个"母猴"身上。新生的幼猴被放在独立的笼子里,它走向两个"母猴"的距离是一样的。提供的食物是什么并不重要,幼猴对绒布母猴产生强烈的依恋,对铁丝母猴则没有或少有依恋,结果表明是接触安慰(即身体接触产生的慰藉)而非食物让幼猴对母亲产生了依恋。如果幼猴和绒布母猴共处超过5个半月,它们对绒布母猴的依恋会变得很强,即使分离十八个月依恋也不会终止。它们对绒布母猴的依恋和真正的母猴的依恋一模一样。但是和真正的母猴不一样的是,这些绒布母猴没有反应的能力,所以对绒布母猴产生依恋的幼猴在情绪发展和正常的幼猴很不一样,它们不会和别的猴子互动,而且表现出不恰当的攻击行为,可见,父母的爱和情感的反馈对婴儿依恋的发展是不可或缺的,通过搂抱、抚摸和说话等对婴儿的需要作出反应,促进婴儿良好情绪的发展。

但不论如何,许多学者和父母都同意:孩子在大约3个月的时候,他们对所面临的家庭环境和交往活动产生互动兴趣时,就具有了情绪情感上的联系。

发展心理学家常常把这一时期的婴儿的眼睛称为"明亮期",实际上是指婴儿似乎在"真正"地凝视着父亲或母亲,他们尽管只有3个月大,但可以通过自己眼睛的"观察"和"模仿"来学习、解读与表达情绪情感的方式方法。这表明,父母在这一早期阶段就可以通过孩子的动作反应以及注意力,向婴儿进行积极的情绪智力辅导了。

研究表明,在这些最初的情绪情感信息交换中,父母会不辞辛劳地吸引和维持婴儿的注意力。父母经常会采用一些"母亲用语"或"父亲用语"的说话方式,它是一种高声的、缓慢的、有重音的、重复的讲话声调,再配以夸张的脸部、手部或整个身体的动作表情,虽然这些"语言"看似滑稽可笑,但父母认为唯有这种方式才能引起孩子的注意力,婴儿才会懂得父母所传递的信息,而且是最管用的,因为当父母采用这种方式说话时,孩子通常会表现出愉快,变得活泼好动且关注着父母的"一言一行"。

父母可以这么做

这一时期的父母可以更多地采用与婴儿面对面、非言语的"对话",并做出各种丰富多彩的表情动作,就能马上获得婴儿的反馈。例如,当母亲对着婴儿扬起她的眉毛时,婴儿也会模仿着扬起他的眉毛;一旦婴儿吐着舌头,母亲也学着他这么做时,他会表现出类似高兴的样子;当婴儿发出咕咕的声音,母亲或父亲也用相同的声音、音调或节奏做出回应时,婴儿就会用他的反应来表示他被父母模仿的动作、声音所吸引。

这些模仿式的对话其实是很重要的,因为这就告诉了婴儿,父母是非常留意他的,并且会及时地对他的感觉做出反应,这是亲子之间情感交流的开端,也是父母开始对婴儿了解的过程。

对母亲和3个月的婴儿所做的实验研究,其结果表明婴儿与父母亲在情感交流方面蕴藏着巨大的资源及潜能。在一个实验中,要求母亲在面对自己的孩子时抑制或不表现出平时父母与孩子玩耍时的脸部表情的动作,此时来观察孩子在面对母亲这种毫无表情、麻木的反应,婴儿大多会反复地尝试各种动作与表情来引起"交流",一遍一遍地做着他认为非常有趣的动作与表情。在这一段时间里可以观察到,婴儿在最后放弃前平均尝试了四种不同的策略与动作和表情。

▎父母不适宜这么做

在另外一项心理学研究中表明,父母的忧郁会对3个月大的婴儿产生很大的影响。实验要求母亲在3个月大的婴儿面前装作难过或沮丧的样子。结果发现母亲以抑郁的表情出现时,会对婴儿产生极大的影响,这时婴儿看起来情绪上变得比较消极退缩、兴趣低下甚至没有任何反应。这就告诉我们,即使只有3个月大的孩子,他们也期盼着父母在情绪情感上给予关注、照顾以及双方的交流反应。

这些研究都很生动和科学地揭示，3个月大的孩子在亲子关系的建立过程中并非是人们所想象的那样处于被动地位、担任着被动的角色，相反，他们在亲子活动和情感交流过程中常常是很主动地寻找着维系发展亲子感情关系的信息、方式与方法，并尽力给予父母以快慰。而父母由于各种原因无暇顾及与孩子的交流，或者以各种消极的方式应对孩子热情的表现时，婴儿就会表现出冷漠行为。

研究发现，忧郁母亲抚养下的孩子有伤心、无助感、消极、愤懑、暴躁或躲避的倾向，而当母亲的忧郁持续一年以上的话，婴儿的成长与发展的速度也开始变得缓慢、迟滞，给孩子的身心带来不可弥补的永久的消极影响，尤其对3—6个月的婴儿的神经系统的发展影响最大，他们在对声音的反应上变得比较缓慢，在神经系统功能的测验上得分较低。母亲的沮丧、郁闷状态甚至会影响到婴儿的心理活动，他会把母亲的某种负面情绪在脑中加工处理成为负面的感受。心理学家运用脑电仪测量发现，当母亲忧郁的状况出现时，婴儿脑电图呈现出令人惊讶的负面反应波型，其表情动作是消极被动的，表现出令人不安的状态，这说明父母以及婴儿抚养者的情绪，确实会对年幼的孩子的心理产生强大的积极的或消极的影响。

这时候的孩子在想什么

其实，婴儿在接触或模仿父母的情绪情感表现时，他们也在努力地加工处理积极或消极的情绪情感信息，调整与父母或成年人之间由社会交往所引起的情绪情感等生理、心理反应的能力。婴儿在与人交往的最初，大约在一分钟内注意力集中，对逗弄、游戏有相当多的反应，但仅过了一分钟后，他就会转过头或转动身体，不再去管父母或其他成年人用玩具或话语吸引他参与的企图。父母往往会对婴儿的这种说变就变的表现大惑不解。

如果父母了解到婴儿的大脑皮层发育还不完善,尤其是大脑皮层额叶发育完成较晚(大致到 10—11 岁最后成熟)的话,就不会感到奇怪了。一般来说,婴儿的这种易变表现是大脑皮层中枢对信息加工过程的调节与控制,父母由于不了解而不断尝试着用玩具、语言或摇晃着婴儿来刺激他,结果由于婴儿无法要求刺激他的人停止,只好采取躲避的方式,或采用自己最有效的防御方式——哭喊来制止了。

而当孩子哭喊着并躲避成人给予的刺激时,父母却感到不悦,认为孩子是在能力上或性格上发生问题。这种父母与自己孩子之间的"不协调"状况是十分普遍的,父母大约在 70% 以上的时间都不知道婴儿的动作、表情到底在暗示着什么。不过,父母不用过度担心婴儿期的孩子对父母的反应,只要父母在这个时期对婴儿的反应敏感,与婴儿的情绪情感交往就会逐渐改善而失误也会越来越少。

▎父母们要注意

实施情绪智力开发与辅导的父母,应完成以下动作:

- 在关注婴儿的心理、情绪情感与行为表现时要及时作出反馈,让孩子知道你在关注他。
- 如果婴儿在与父母交流了一段时间后,即使是较短暂的时间,对所进行的游戏或玩耍不再感兴趣,出现回过头或转过身的行为时,就给他一些安静的时间而不要再去打扰他。
- 如果他在众人关注或接触后变得烦躁或开始哭闹,就要带他脱离这种嘈杂的环境,以使他可以从众多刺激中稳定下来。

● 如果婴儿由于受到了太多刺激而无法自己平静下来的时候，父母就要尽力去安抚他。

安抚有许多方法与策略。一般来说，具有普遍性的策略与技巧有：轻声说话、拥抱并轻摇、微弱轻拍或轻柔的抚摸。研究发现，那些懂得把处于高强度刺激环境中的婴儿转移到比较安静的环境中的父母能够较有效地提高孩子的情绪智力，也就是说，看似司空见惯，但能够适应孩子的情绪情感感受的办法，能够在很大程度上有助于孩子学习自我慰藉和调整自己由于大脑皮层发育完善过程中出现的生理状态。

父母用以上方法来安抚烦躁不安的婴儿，其实是在进行情绪智力的辅导，因为通过这些方法，婴儿学到了当他们具有强烈负面情绪并做出哭喊反应时，父母就会及时做出反馈，并可能获得其心理上的安抚。婴儿的心理上的慰藉绝大部分都来自父母，随着年龄的增长，他学会了父母对他的安抚然后进行自我慰藉及自我调控，这是情绪智力非常重要的一个方面。

你所不知道的事

其实，孩子的智慧萌发早得令人难以置信，这与父母教养婴儿的聪颖和敏感有着直接的关系，心理学原理告诉我们，尽早关注并科学指导婴儿的情绪情感生活对其日后的智慧、意识与整个人格的发展具有奠基的重要作用。比如，婴儿一般是通过父母及他人的情绪、表情来认定环境、反馈环境的，同时，他们也是依赖于自己的情绪表象来认定自己、了解自己，构成情绪意识与情绪体验的基本能力的。可见，婴儿时期的情绪情感压力明显地标志着人的最原始的智力活动，即通过情绪活动来唤起他们的注意力、兴趣、好奇心、理解力、敏感性以及评价能力。

因此,0—6个月是开发孩子情绪智力的重要时期,它为进一步向周围环境的认知活动打下扎实的基础,至少在极大程度上,它也是影响孩子最初 3 年内的认知发展、个性形成以及基本智力特征的重要因素。

这个时期理想的教育方式有:

● **对着他们微笑**。因为微笑中包含着整个世界、开放的心理空间。微笑的情绪表情是激活孩子心理活动和行为表现的驱动力,促使孩子产生兴趣、好奇或惊异感,引发趋近和探索行为,从而在这些活动过程中积累经验,使其认识世界的能力、分析与综合的思维能力以及智力水平随之发展与提高。

● **与他们一起玩耍**。婴儿在 6—8 个月是最富有探究精神的阶段,这时期他们对周围的物体、他人和所处情境具有强烈的好奇。同时,他们也开始与成人一样表达自己的情绪,分享他人的情感,如欢乐、恐惧、失望与高兴等,并采取各种方式表现出来,这种对外界事物所萌发的观察、认识与表达,为情绪智力的指导提供了新的机会。其间最典型的是,过去他只对自己眼前的物品(玩具)或他人注视并若有所思,他在被玩具或他人逗弄得很快乐的同时把目光转移到父母那里,并引起父母的高兴,当父母也分享他(她)玩耍的乐趣并表现出高兴的样子时,他会感到更高兴。这种情境的发生看似很简单,但却具有非常深刻的意义,因为这代表了婴儿的嬉戏与情绪的互动以及邀请父母分享其愉快情绪。为了鼓励孩子的情绪智力的发展,父母应及时接受婴儿的邀请与他一起玩耍,并且模仿他的情绪反应并及时反馈,这样就能够给婴儿带来更多的情绪情感的分享和更广、更深的情绪情感的表达。

● **与他们多点口头交流**。在婴儿长到 8 个月的时候,开始到处爬行。通过爬行,孩子不断地发现比过去更大范围的环境以及更多新奇的事物。他在学习与分辨所遇到的各种物体或人与人之间的差别时,开始感到害怕、恐惧,这在心理学上称为"陌生焦虑"。例如,当妈妈抱着婴儿与售货员交谈时,原来对路人毫无顾忌地微笑的他,会把脸躲在妈妈的肩膀上并收敛起"灿烂"的微笑;若妈妈把他安置在一个陌生的环境里时,他就会恐惧、哭闹并绝望地紧抱着妈妈。此时,婴儿已经与父母建立了特别的情感纽带。在这段时期内,婴儿开始逐渐了解父母的言谈话语的意义,这将更有助于父母与孩子之间的情感交流。虽然,孩子在这段时间后的好几个月才会说话,但他们已经能够听懂很多话,能够遵照父母或他人的指示,比如说"去把你喜欢的布娃娃给我",孩子就会照做。所有这些进展,会给孩子带来许多新的感受,包括身体的活力、转移注意力的能力、对父母特殊的情感、对父母或他人言语的了解以及对周围陌生情境和陌生人交往的害怕、恐惧等,会转而向自己的父母表达和要求情绪情感上的支援和帮助。比如,孩子在屋外玩耍时,靠近了正在吃食的狗,孩子听到母亲"不要去那里玩"的喊叫,马上就能"了解"母亲的话语、紧张的声调以及由脸部担心表情所组合的意思,也知道那里具有潜在危险。相反,如果孩子正在玩一只机器狗时,母亲则会带着轻松愉快的情绪和松弛的表情看着他,婴儿也知道在这种情境下可以自由探究并不具有任何危险,这样就辨别出情境—危险—情绪情感之间的关系,从而学会了在什么情境下情绪情感的发生及其调节与控制,逐步提高了自己的情绪智力的水平。

- **向他们敞开心扉。** 当婴儿能够听懂父母的话语并按照父母的指示做的时候,表明婴儿与父母之间的情感已经相互连接,在这种时候,父母会感到欣慰,孩子在心理上也会感到安全。由于孩子在婴儿早期是通过模仿来进行游戏或其他活动的,因此,孩子其实很早就能够精于解读父母的情绪暗示。比如,他们可以通过父母的脸部表情、肢体动作以及言语声调等所代表的信息来加工,了解并纳入自己的知识经验系统中。因此,在这段时间内,父母亲要切实加强与孩子在情绪情感上的连接与结合,家长要把自己的言论动作以及情绪情感体验的表现给孩子作为一面镜子,向孩子准确地反映自己的真实情感,这是对孩子情绪智力辅导的重要部分,即可以帮助孩子把自己的感受化作为语言,并以行动来加以表现。当然,孩子在作这种转化时还会出现一些错误的理解或行为,父母不用担心,因为这是孩子成长过程中经常出现的状况,很正常,只是需要一些耐心。总之,这一年龄阶段的婴儿,主要依赖于父母给予他们的情绪上的暗示,可以借此来帮助孩子处理在这个年龄阶段经常碰到陌生的人和事而产生的焦虑。例如,如果母亲对新来的保姆表现出很放心的表情与行为,那么,婴儿在与该保姆接触与交往过程中也会表现出轻松,因为婴儿已经从母亲那里得到了这位新来的照顾自己的人是可以信赖的信息。

　　在经历了种族演化和个体胚胎发育过程之后,成熟了的人类胎儿的脑组织中已经具有了固定的先天预成的情绪潜势。婴儿从降生之日起即处于成人哺育的环境之中,这一环境是人际互动的,是具有社会意义的。从这一含义看,婴儿情绪的显露,既为其社会化的开端,也可说是从它第一次显露开始,即进入了社会化过程。而这一过程,是随着个体的成熟与生长而出现的,它有一个时间的顺序,这一顺序服从于个体的生理成熟与对周围环境适应的需要,它既是有规律的,又呈现出个体差异。父母应该知道婴儿在这段时期主要的基本情绪的发生、发展、性质、作用以及它们之间的相互关系,了解个体情绪发展的原因、途径,情绪对个体发展的作用与结果,探索对孩子情绪智力教育的科学指导。婴儿情绪发生时间及其诱因见表1。

表1 婴儿情绪的发生与诱因

情绪类别	最早出现时间	诱　因	经常出现时间	诱　因
痛　苦	出生后1—2天	机体生理刺激	出生后1—2天	机体生理刺激
厌　恶	出生后1—2天	不良的味觉刺激	出生后3—7天	不良的味觉刺激
微　笑	出生后1—2天	睡眠中机体过程节律性反应	1—3周	睡眠中机体过程节律性反应或触及面颊
兴　趣	出生后4—7天	适宜光、声刺激	3—5周	适宜光、声刺激或运动物体
愉快（社会性微笑）	3—6周	高频语声和人的面孔刺激	2.5—3个月	面孔刺激或面对面玩耍
愤　怒	4—8周	持续痛觉刺激	4—6个月	持续痛觉刺激以及身体活动持续受限制
悲　伤	8—12周	持续痛觉刺激	5—7个月	与熟人分离
惧　怕	3—4个月	身体从高处突然降落	7—9个月	陌生人或新异性较大的刺激
惊　奇	6—9个月	新异刺激突然出现	12—15个月	新异刺激突然出现
害　羞	8—9个月	熟悉环境中陌生人接近	12—15个月	熟悉环境中陌生人接近

从表1可以看出，情感状态和情绪反应是婴儿身心健康的重要标志、识别途径，也是情绪智力辅导的重要方面。要充分注意婴儿的情绪变化与情感状态，为此以下五个方面应引起父母的高度注意：

第一，婴儿在哭叫的间隙是否表现出哪怕是片刻的安静或者是舒适的状态。这种短暂的安详状态是婴儿生理活动周期性的正常反应,标志着孩子正常或良好地适应着外部环境。因此,在给婴儿喂奶、洗澡、替换衣裤,以及对居住房屋的光线、色彩、噪声控制等方面的调节与安排,父母都应该以婴儿的适应性情绪情感反应作为标准。

第二,2—3个月的婴儿对父母及其他人的亲近和话语是否产生及时的应答反应。比如,当父母在逗弄他时,婴儿是否有微笑、全身活跃的动作以及咿呀声音的出现。一般来说,3个月以后的婴儿会对任何接近他的人微笑,而4个月后的婴儿则会对父母或成人的离开发出哭叫声。如果在这个时期,婴儿这种生理—心理—社会性反应还未能及时出现,父母需要带孩子向医生或儿童心理学家咨询并做神经系统的检查,以确定是何原因所致。

第三,4—6个月的婴儿是否能区分出最亲近的人和其他成年人,是否在父母的搂抱、亲吻、抚摸和喃喃细语时保持安静并呈享受状。这些情绪情感状态的及时出现,是孩子6个月后建立亲子依恋以及建立孩子对父母、成年人的安全感和信赖感的感情基础。

第四,要注意婴儿对不良刺激是否会及时发出负面情绪的反应以及据此做出拒绝反应,对不良刺激,如强烈的震动和噪声、冷、热、痛刺激等的敏感反应。如果婴儿能对以上这些不良刺激及时地做出负面情绪反应,说明其神经系统正常发育发展并趋于成熟。这对及时发现极个别孩子先天无痛觉、无温度感受等缺陷具有重大意义,因为,如果没有对不良刺激的正确及时反应,孩子在以后适应社会生活的生存活动中会发生极大的困难。

第五,要注意对哭声、吵闹的辨别。新生儿的哭喊是适应母体外环境的一种适应手段,孩子通过哭喊活动来调节与锻炼自己的生理器官。随着婴儿发育发展,许多因素会引起孩子的负面情绪反应,比如,身体不适、恐惧、失望、陌生、愤怒、孤立无援等都是哭的原因。哭喊是孩子表达身体的、心理的痛苦和寻求帮助与陪伴的信号,不同情绪状态下引起的哭声与表情是有区别的。父母要了解孩子的不同情绪的表情标记和对社会适应的价值,要尽量消除婴儿发生恐惧的情景,尽量避免身体的痛苦,如饥饿,或心理上的痛苦,如与母亲分离而引起的痛苦。一般来说,父母在养育孩子的过程中,会体会到孩子拒绝某个玩具,不是因为他不喜欢这个玩具,而是此时他需要的不是玩具而是要求母亲或父亲的陪伴。要知道,世上没有哪个婴儿是从来不哭的,但婴儿对生活的满意与否一般是由其哭喊的频率与强度来标志的。所以,要培养一个健康、快乐、情绪智力水平高的孩子,就应该减少孩子由负面情绪引发的哭喊的频率和强度,并要有针对性地使孩子的负面情绪转向积极情绪,从而推动孩子更积极地探索周围世界,促进其智力的发展。

第六,要注意对婴儿的各种情感进行及时的反馈,并用表情、语言等方式表达自己理解孩子。婴儿在 9 个月至 1 岁期间会出现对人与人之间交往的强烈兴趣,他们会尽可能地分享自己与父母之间彼此的思想与情绪感受。比如,婴儿递给父母一个已经损坏了的玩具看,并噘着小嘴,此时,父亲或母亲对他说:"哦,玩具坏了,真可惜!你感到难过,对吧?"9 个月的孩子已经能够通过父母的表情与语调逐渐了解父母是知道自己的内心感受的。因此,当父母能够以孩子的感受,用变化的声调、脸部的表情动作、肢体语言等来反映出孩子的内心感受时,孩子其实也在努力地学习各种各样相关情绪情感的表达。这里必须指出的是,在这以前婴儿并不知道父母与自己可以有相似的想法或情绪感受,直到这一阶段,他才知道这种感受与想法是有可能分享的,这样就增强了父母与孩子之间正在形成的情绪情感上的结合。这种对感情理解的状况,对情绪智力发展的影响是极其重要的,因为它是父母与孩子之间情感双向交流之后的结合。

　　孩子在这个年龄阶段,正处于对自己生命成长中遇见的人和物产生某种悟性的时候。比如,当一只皮球滚到了床底下,虽然看不见,但孩子已逐渐知道这并不表示皮球已不存在;同样,孩子知道,虽然妈妈忙于做饭离开了房间,看不见她,听不见她的声音,但并不表示妈妈不存在,只是离开了自己玩耍的房间,妈妈仍然是自己世界中的一部分,她会在做完饭后再次来到房间里的。这说明孩子的心理已有了很大发展,并有质的突破,这就是心理学上所谓的"守恒"原理。这种情况可以在这个年龄阶段经常看到。比如,孩子会把自己玩的玩具从箱子里取出或放进;或把它们藏在身后,拍手叫喊,然后再把它们取出放在自己面前;有时会把玩具或汤匙扔到看不见的地方知道它们并不会消失,然后再满地爬着把它们找出来。这些对人、对物的"守恒"概念的产生以及对它们不变性的理解,就会逐渐迁移到对父母的情感依恋上。如果父母不在自己身边,但孩子仍确信只是暂时离开而已,他可以在头脑里想着父母,而不会像从前那样大吵大闹。如果他看见父母在穿外套或鞋子时,知道父母准备离开自己外出,会显示出很焦虑的表情,但当父母真的离开后,他能理解父母是存在着的,仅仅是不知道他们目前正在何处、做何事而感到烦躁不安,再加上他没有准确的时间观念,很难了解或知道爸爸妈妈离开多久了。因此,有的孩子当父母离开他们一会儿就会感到紧张、害怕而哭泣,而有的孩子则会等待很长时间才会感到焦虑。

　　心理学研究曾对1岁左右的婴孩在处于不熟悉的人照料、父母离开、与父母团聚三种情形下的情绪反应。研究发现有安全感的孩子在父母回来时会显得比较烦乱,但当父母拥抱他们、和他们交谈说话的时候,他们会紧紧拥靠着父亲或者母亲来接受安抚。

缺乏安全感或对获取父母情感没有信心的孩子,当父母回家时会有不同反映,一般有以下两种方式:第一种是忽视方式,即当父母走进家门时,孩子会马上装出一副表现乖巧的样子,当父亲或母亲试图安抚他时,他会采取避免相拥的方式,推开父母而非紧贴着父母。第二种是焦虑表现,即当父母回家时,孩子会紧紧黏着父母不放手,但当父母给予安抚的话语或动作时,他们会表现出心不在焉和难以接受的样子,这会让父母感到难过。如果你的孩子在你回家时表现出这类不安全感,你必须给孩子更多的情绪情感方面的照顾,花些时间与孩子交往。也就是说,孩子此时是非常需要你对他的情绪情感的表现有所反应,你应发挥同情心,并且关注以及增强与孩子之间的情感上的结合。

  1岁的孩子会产生"分离焦虑"的情绪感受。虽然这时的孩子还不能用语言来表达自己的想法与感受,但却能够了解父母的许多话语的意思,因此,父母的指导与表情都会给孩子以强烈的暗示,如果父母在语调上和表情上表露出焦虑与恐惧,那么,孩子也可能会了解到父母的这种情绪并深深地感受到。当父母与孩子分离时,孩子马上就会出现哭闹或害怕的表情。此时期,最好在离开孩子之前,表现出"安详"的状况,并帮助孩子来"实习"与父母分离的状况,比如,可以让他在家独自玩耍,过一段时间后去查看一下,然后再延长孩子独立探索或玩耍的时间。再比如,告诉他你要去厨房做饭,让孩子独立玩耍,然后过一段时间后回来。这样,孩子就会逐渐形成一个概念,即父母离开自己后不会发生令自己害怕的事情。同样,孩子也深信,父母待会儿一定会回到自己身边的。心理学的研究表明,父母只要表示出你是了解孩子的想法与感受的,那么,孩子就会感到安全,反过来孩子对父母的情感就更具结合力,这时当你与他嬉戏、模仿人物动作时的各种各样情绪表达,孩子会在不经意中接受了你的指导与教育,从而使其情绪智力水平有大幅度的提高。

1岁孩子的成长可以描述为以下几方面:

◇ 运动能力

● 大的动作

通过屈膝站起,蹲下再站起,站立,转身90度。

行走,但仍然更喜欢爬行。

除行走之外,还增加其他的动作。例如,弯腰、招手、向后转身、拿玩具、爬楼梯、翻过小床、跨过围栏、在浴盆里游泳。

● 坐的姿势

缓缓独立坐下。

● 小的动作

拇指和食指并列工作。

揭开容器的盖子。

偏爱一只手,用一只手握着,另一只手操作。

用食指指向物体或食物。

握住物体。

在成人帮助下自己脱衣裤。

◇ 语言能力

控制发音语调。

发出更多的词音,特别是元音。

运用语言表达意愿。

反复练习运用一些词,除爸爸、妈妈外,还会说2—8个单词,如宝宝、喂喂等。

用单音模仿物体发出的声音,咿呀地说出单词句。

以标定某实物的单词指代同类物体。

◇ 智力水平

看到并能精确抓住物体。

模仿物体,观察物体的移动、旋转和位置变化。

从容器中拿出或放进物体,能从隐藏物体的地方找出被隐藏的物体。

记忆事件的时间越来越长。

能有意模仿模型,并模仿不在场的行为。

感觉到自己与别人有区别。

偏爱手,尝试解决问题。

搭建两三层积木,根据颜色、形状分类。

做事前,会对行为进行思考。

◇ 社交行为

● 个性

表达多种情感,区别自己和他人。

● 互相影响

害怕陌生人及陌生的地方。

害怕离开母亲。

情绪体验有发展,表现出依恋。

会发脾气。

理解地做游戏。

明显偏爱某人。

● 抚养

坚持自己吃饭。

开始一日三餐,端杯喝水。

配合穿衣。

幼儿期的情绪智力发展(1—3岁)

幼儿期是人生发展中最令父母深感惊奇的时期,是有趣与刺激的阶段,其变化可谓日新月异。如果说前阶段(周岁前)的婴儿需要生理或行为方面的照顾比较多,那么,周岁以后的孩子将以作为一个"人"的适应和发展向父母提出更多的问题。因为孩子正在发展对自己的感受以及自己的独立要求,他们通过探究自己的心理活动、独立行动与口语表达意愿助长了这种行为,这时候的孩子会变得比较倔强、不服从、顶牛。正在初学走路和处于萌芽阶段学习言语技巧的孩子已经不完全依附于父母,但又无法完全独立,有时为了维护自己的独立性,会想摆脱父母的控制,对着父母喊叫,同时父母最常听到的是"不""我的""我自己做"或"我要"。而有时孩子又会缠着父母抱他,帮助他做事。此时期的孩子既需要父母的关心和支持,又想成为一个具有独立能力的人;既需要父母的帮助与慰藉,又不能完全接受父母的处处帮助。如果父母总是代劳的话,孩子将会一事无成,对孩子的成长有害无益。因此,在这个时期,无论是纵容还是强求,都会导致孩子出现固执、任性等不良性格特征。在这个时期,对孩子的情绪智力辅导成为父母一个十分重要的教育步骤。

如果父母能够设身处地地以孩子的眼光来看待他们在成长过程中所遇到的冲突与挑战,就会取得好的结果。比如,孩子在这个阶段会不断尝试自己无力或无法控制的情况,面对执拗的孩子该怎么办呢?父母应该采取一些折中的办法,允许孩子大胆冒险但又密切关注他们以避免"闯祸";帮助孩子正确面对失败但又要求他们尽量避免失败;允许他们自由地活动但又给予适当的控制。

总之,帮助孩子成长而不影响他们的主观能动性的发挥,给孩子建议供其选择,而不是武断地严加制止或放任不管。这一切做得如何,取决于父母对自己孩子的了解,以及对孩子能力的把握和教育技巧的精心运用。

在幼儿期,孩子正在探索和解决"自我中心"的问题,比如,他们会对其他孩子越来越感兴趣,并对与自己相似的人有强烈的了解欲望,同时对自己与他人之间的差别与共同点有着敏锐的觉察力,这会使父母感到十分惊奇。心理学家在一项研究中发现,男孩比较喜欢看男孩活动的影片,并会模仿其中男孩的动作方式;而女孩则比较喜欢看女孩活动的影片,也会模仿其中女孩的腔调与表情。此时,虽然男孩与女孩之间彼此具有吸引力,但仍然缺乏一起嬉戏玩耍的社交技巧。事实上,在这个阶段要让他们一起游戏和分享常常会发生冲突,这主要是由该时期"自我中心主义"影响的缘故,孩子会表现出这样的显著特征:(1)我看到的,是我的;(2)尽管这是你的,但我想要,那就是我的;(3)我的,就永远是我的。这种言论与行为表现,父母必须要了解,孩子的这种态度与行为并不是自私,这只是幼儿期自我意识发展的表现方式而已,因为在这个时期的孩子其智慧发展只能够设想自己的看法、想法,并不能也无法了解别人可能会产生出的不同感受与想法。因此,要求孩子与其他孩子分享游戏、玩具并从中感受到愉快,对这个年纪的孩子来说是无意义的,也是不会取得效果的。其实,幼儿在这个时期对玩具的"自我中心"以及与其他孩子之间发生的激烈冲突有其积极的一面,此时,正是父母对孩子进行情绪智力辅导的最佳机会。父母需先认可孩子由此带来的愤怒与失望,然后有针对性地对他们给予辅导与帮助。比如,父母对孩子说"有人拿了你的玩具,你很生气对吧?"或者"你现在不能玩这个皮球使你很失望了吧?",等等,然后向孩子灌输"轮流"的观念,并与孩子一起来探讨如何来"轮流玩"的解决问题的方法。如果孩子双方的冲突演变成打架,那么,父母要让孩子知道打架是错误的,要告诉孩子,不能由于自己的不开心、愤怒而伤害自己的玩伴,当孩子停止打架后,把他们的注意力转向受害者,以挖掘并发展孩子的同情心并加以安抚与表示歉意。当然,一旦孩子与其玩伴表现出一点点分享玩具的倾向,父母就要及时赞扬与鼓励他们,因为在这个阶段孩子们能表现出这种行为是很少的,一般只能通过各玩各的、"井水不犯河水"的平行游戏来期望孩子相安无事。其实这时的幼儿是不能消除对自己所有物拥有的冲突的,这时的父母应该耐心地向孩子说明,如果愿意与其他孩子分享某种玩具的话,可以先挑选出来,其他玩具可以收好,这样可以让孩子对自己的所有物学会控制。

理解1—3岁阶段的孩子并不是一件太复杂的事情,关键在于父母要理解孩子的智力发展水平。这个时期的孩子还没有记忆自己生活经验的能力,还不能预测自己活动与行为的后果,也没有能力事先就去考虑碰到的问题该怎样解决。对待这种情况,父母要以理解他们的能力为基础来帮助他们。对这个时期的孩子,父母若采取训斥或严加管制的方法是不可取的,父母想绝对控制孩子的行为也是不可能的。最好的办法就是耐心观察与积极引导。这时期的孩子已开始学习自己玩耍,并且日益学会与其他小朋友的交往,他们的情感日渐丰富与多样化,但他们并不能很好地控制自己的情绪,常常会给父母带来诸多烦恼。父母此时要使孩子的情绪保持平衡,态度上要经常表现为镇定自若,以此来适应孩子富于变化的感情需要。倘若父母对孩子过分地约束、苛求,孩子就会反抗,因为他们此时有较强烈的自由要求。倘若父母对孩子过分宽容,过于忽视,孩子就会产生孤独感与忧虑。因此,父母对孩子的态度应该是既宽容又要求严格,情绪状态是既热情又平静,同时耐心地指导孩子学会如何处理他们自己的情绪情感,以此来提高孩子的情绪智力水平。

3岁左右的孩子已经是各方面发育发展良好的准"社会人",他们的身体比以前增长了近一倍,大脑各机制已基本形成。感知觉能力已有很大的发展,并开始进入精细分化阶段;开始出现了形象思维活动以及初步的想象力;有意识记即具有目的性、计划性和意志努力的记忆出现并迅速发展;同时能进行一系列模仿性游戏,即扮演某些社会角色,能用简单的语言与成人交流,语言已经成为他们认识周围世界、自然现象以及自身与他人关系的最主要工具。在社会性发展方面,自我意识已经开始萌芽,独立能力日益增加,尤其在社会性情绪情感方面,诸如同情心、自尊心等在活动和行为中不断体现。从以上这些方面可以展望,孩子在未来的岁月中将成为心智各方面更加成熟的社会人。当然,这时的父母则必须精心地加以培育,让孩子在整个成长历程中成为身体健康、人格完善、智慧聪颖的社会人。

一般来说,当孩子从蹒跚学步到走入3岁时,已经学习了一些行为规范,但仍然不够,还必须努力学习。现在公认的观点认为,3岁以前是良好行为习惯训练的最佳时期。行为规范教育训练的重要方面是父母要想方设法帮助孩子建立起发自内心的自我约束,因此可以从孩子2岁半左右就开始进行,有些诸如整洁、卫生、礼貌、谦让等也可从1岁半时就开始训练,因为这时的孩子口语已经得到了发展,已开始逐渐知道父母的言语指导,只要父母的要求合理,耐心指导,要求是孩子力所能及的,行为是能够遵循的,那么孩子就能控制自己不合理的行为,逐渐养成良好的行为习惯,这对孩子将来的成长与发展是受益无穷的。对1—3岁孩子的成长可以从以下四个方面加以描述：

◇ 运动能力

掌握一些基本动作，逐步灵活、协调、敏捷地运动，姿势准确。

能走、跑、跳，可向前跳，从高处往下跳。

能走平衡木，走斜坡，双足交替上下楼梯。

手的动作更加精细，能穿珠、搭积木，会用正确姿势握笔。

能画直线、折纸、解纽扣，会拿筷子、脱袜子。

自己能解决一般生活要求的问题，如穿、脱衣服，洗脸等。

◇ 语言能力

能控制发音，语调变化明显。

掌握了近800个母语的口头词，发出许多母语特有的声音。

单词句渐减，复合句数量渐多，句子长度增长，句子字数增加到8个字。

掌握名词、动词，增加了代词、形容词、副词，有语法排列的形式。

能听懂成人的提示，用简单句和复合句与成人交流。

◇ 智力水平

能凭自己的兴趣、情绪、好奇心等主动地去看、听、说与想。

容易受环境刺激的影响。

想象力初步发展。

有意识记开始萌芽，能按照成人的简单要求完成任务。

能分辨上、下、前、后方位，能分清红、绿、蓝、黄等颜色。

能认识方形、圆形、三角形等形状。

能口头数1—10,按口头数取物可达6—8个。

能区分简单的次序、多少、长短等数量变化。

◇ 社会交往行为

自我意识初步萌芽,能意识并区分身体各个部分。

能区别自己与别人,辨别出自己的名字,开始掌握运用"我"。

独立意识增强,凡事要坚持自己做,出现第一个违拗期,拒绝别人的帮助。

能按社会标准来区别成人,并能以正确的称呼区别他人。

社会感情初步萌芽,自尊心、同情心开始发展。

能够主动关心、爱护他人。

这个阶段的孩子的情绪发展也是非常有特点的。由于孩子的情绪日益丰富并且表现多样化,加之又不能很好地控制自己的情绪感受,想怎样就怎样,会给父母带来很多烦恼与困惑。这个时候,父母应该尽量帮助孩子把情绪稳定下来,保持心理上的平静。此时父母自己首先要冷静,以自己的镇定自若来适应孩子不断变化的情绪状态。如果父母采取过分约束,那么孩子就会反抗,因为,孩子需要自己的活动空间,要求自主;如果父母怕麻烦,把孩子丢在一边不管,过于忽视他,孩子就会哭闹,会感到孤独,同时会产生忧虑感。为此,对于这个阶段孩子的情绪指导,作为父母的态度要既宽容又严格,父母的情绪状态应既热情又平静。要做到这些,当然就要对孩子的情绪状态的产生与发展、变化有所了解。

一般来说,孩子不快乐或兴趣淡漠的原因主要有:孩子开始渴望独立,但是他们的大多数活动被父母所遏止。这个阶段的孩子,其实非常渴望独立、自主,开始不希望别人来替他做事。父母要记得,应当容许孩子自己做事情。至于他们做些什么,并能够得到怎样的"成功"并不重要,自己做事本身就是给孩子带来快乐的源泉。此时,如果父母限制他们的活动与玩耍,或者什么事情都替他们做,孩子就会以不满、反抗或拒绝来表示他们的怨恨、不快甚至是愤怒。

处于这个阶段的孩子,还正处在自我中心化的阶段,还不能够比较自如地、流畅地与父母进行言语交流,许多时候,他们的言语与动作,还不能够充分地得到父母的理解。而此时,父母已经开始对他们进行教育,加以比较严格的管教了。父母开始的时候,往往是通过严厉的表情、生气的语气、不容置疑的命令,去限制或让孩子知道自己已经做错了某件事情。然而,孩子常常会因为不被父母理解和受到父母的严格限制感到非常的委屈和不快。在这种时候,父母对孩子的教导应该做到:

首先,要给孩子创设比较充分的、能够让他们独自活动、独立做事情和独立玩耍的环境。

其次,父母要有意识地培养孩子做事有序的良好习惯,要经常指出孩子在养成良好习惯过程中出现的错误,这样,当孩子长大以后,就更容易接受父母的管教和将来学校学习时的要求。

最后,父母对孩子进行正面引导时,要尽量使用语言,当然,所使用的语言要能够让孩子听懂,即要尽早地与孩子建立起良好的语言沟通。

当孩子长大到三四岁时,父母一般会比过去花更少的时间来陪伴孩子。这个时候,如果父母认为,孩子已经长大,应该让他们自己去玩耍或做事,而自己去工作或应酬,就会忽略孩子的情绪感受。当父母经常整天不去看看孩子,或仅仅照个面,那么,孩子很快就会认为,父母开始不像以前那么地爱他了,此时他会感到孤独、寂寞和难受。为此,父母应该细心体察处于这个阶段的孩子的情绪状态,要尽量采取各种办法来弥补自己对孩子的感情上的欠缺。如果由于工作或事务缠身，也应该至少做到：白天上班的父母，要尽量在早晨和晚上花上一段时间，与孩子在一起玩耍或言语交流。同时，请求爷爷奶奶、外公外婆或幼儿园的老师，能够在感情上给予自己的孩子更多的关心与关照。

　　由于社会竞争压力以及父母之间性格差异等因素，可能会导致家庭中父母之间关系的不和谐，甚至经常争吵或打架，这种状况对孩子的心理影响是很大的。如果父亲或母亲整天忧心忡忡，或者把孩子视为负担的话，孩子就会体验到由于这种不良家庭环境因素，以及父母的负面情绪作用而导致自己的不愉快。这是一个很难解决的复杂问题。在这里只能这么说，为了孩子的健康快乐，为了给孩子提供健康成长的沃土，作为父母，应该努力地去营造良好的家庭氛围；为了孩子的健康成长，要尽量避免因为自己的性格或自己的挫折而产生的不良情绪状态对孩子的心理影响；同时，作为父母，也应该认识到，养育身体和心理健康的孩子，是父母的一项重要的社会责任与社会义务。

　　目前，我们遗憾地看到，社会上还有一些对孩子的心理与情绪的健康发展产生严重不良影响的因素，比如，父母过早离异或过早离世；受到他人的无情虐待、打骂；生存环境剧变；受到自然灾害以及极端贫穷等的压力。由以上因素给孩子带来的心理压力是巨大的。此时，对父母的要求是，为了孩子的健康成长，为了孩子的美好明天，要尽量给予孩子情感上的关怀。

　　作为父母要认识到，无论是自己或孩子，一个人的快乐是不可能简单地人为制造的。孩子不会因为父母期望他们快乐，就会自然而然地感受到愉快。即使孩子自己，他们的快乐也不一定总是由某种玩具所引起的。那些非常昂贵的玩具或很甜美的食品，有时候并不能给予孩子更多的快乐。过多地、无限制地给予，一方面会引起孩子占有欲的膨胀,另一方面会使孩子慢慢地变得贪得无厌。物质的东西,如玩具、食品等,可能会使孩子感到一时的愉悦,使他们对面前的东西喜爱,但父母要清楚,孩子并不一定如自己所想象的那样,会因此产生发自内心的快乐感受。

其实,孩子真正快乐的来源主要来自以下方面,父母应了解并利用它们来诱导孩子的快乐感受。

第一,孩子的快乐来源于能够自由自在地活动。活动和玩耍是孩子的天性,父母要尽可能地创设让孩子自由活动的条件。孩子是很喜欢、很愿意自己做事情、自己玩耍的,只要他们能够自己完成,哪怕是非常小的一件事情,都会带给他们由衷的快乐。

第二,细心地、耐心地体察孩子的兴趣,对孩子的兴趣加以引导与强化。孩子的智慧能力是在早期兴趣的基础上发展起来的。心理学的研究表明,几乎所有早慧的孩子,绝大多数可以溯源于通晓孩子的心理活动,对孩子的成长具有敏感性与爱心的父母,是父母通过发现并加之有意识的引导与耐心的指导。孩子的兴趣一旦产生,就能够把他们吸引到所感知的对象上去并对该事物进行比较深入的探究与发现,并能督促自己去完成所从事的活动。此时的孩子就会产生由衷的愉快。

快乐不仅能够为孩子提供良性的心理体验,而且能够使他们感受到慰藉,最重要的是,快乐是一个人心理健康的主要标志之一。如果孩子能够经常地体验与表现出愉快的情绪,那么,父母就可以比较放心,因为这表明孩子正在身心健康地成长着。从另一方面来说,能够经常体验快乐的孩子,一般在其心理上注入了比较良好的特性,这样就可以促使他勇于面对比较复杂的环境,自主地发展自己的智慧,采取积极向上和乐观情绪对待发展过程中必然会遇到的阻力与困难,发展与形成良好的个性心理品质特征。

在这里,不得不提到,在孩子的情绪感受中,他们最不愿意的体验是孤独。孤独会导致孩子的痛苦与恐惧情绪。因此,父母要注意培养孩子良好的人际交往技能。人际交往是一个自然人到社会人的社会化过程,是社会人的最基本要求。心理学认为,作为一个社会人,必须具有智力、动手技能和人际交往能力。而人际交往能力的形成与发展,是需要在集体的环境中培养的。父母绝不能把孩子锁在房子里而不去与其他人交往,这种做法,给孩子带来情绪情感和个性品质上的伤害将是无法弥补的。父母应花一些时间与孩子共处,老师也要同孩子一起玩耍与交流,组织孩子共同参与游戏并让孩子学会自己与同伴、与父母、与老师的交往。让孩子在有良好照顾的环境下自由活动,按照自己的兴趣做事,不断地与他人顺利交往,孩子的感受一定是愉快的。父母对孩子的热爱与关怀,为孩子提供了一个愉快成长的良好环境,就可以使孩子们不但在身体上能够茁壮成长,而且在心理上也能够健康发展。

童年期的情绪智力发展(4—7岁)

孩子到了4岁以后,一般已经具有接触现实情境的经验,他们认识与交往了更多的新朋友,学习了许多新的事物。伴随着这些经历而来的新的挑战是,老师要求自己安静地坐在椅子上,不得随意走动,注意眼前或黑板上的东西或问题,尽管幼儿园有许多有趣的东西但由于不能自由玩耍而感到生气与伤心。此时的孩子需具有调整自己的情绪能力,学会抑制自己不适当的行为,集中注意力以及为了达到老师、父母的外在目的而控制自己的情绪情感。这时,父母与老师应对孩子的情绪智力给予辅导,以发展孩子自己调整情绪的技巧。父母与老师要帮助孩子学会如何明确地与他人交流,如何互换信息,以及如何在不被父母、老师与同伴理解的时候阐明自己的观点与看法;学会如何轮流说话和共同游戏;学会如何去分享游戏与感受;学会如何讨论得出共同玩耍的方式、解决共同具有的冲突以及如何来体验他人的感受、愿望、要求以及期望等。

孩子在这段时期内会不断寻求与其他人的友情,这时父母对他们的情绪智力辅导要集中在如何获得友谊的社交技巧。比如,可以通过引起孩子幻想的游戏来扮演某些社会角色,充当某些角色的表情、动作、语气来与他人交往,从而了解友谊建立的过程以及伴随这一过程应具有的交往技巧。这时期的孩子是人生中创造性成分达到高峰的阶段之一,他们不但会不断创造出角色,同时也会像模像样地模仿、表演。孩子往往就以这种想象的游戏来帮助解决自己心中所困扰的问题,也从游戏中宣泄自己在日常生活中所遇到的压力与不安、焦虑。因此,想象游戏有助于父母发展孩子的情绪智力。

情绪智力的实质是一个人对环境的适应能力和自己能够根据实际情况进行理智选择的心理状态。简而言之,情绪智力是一个人能够灵活地面对与处理、解决各种各样问题的心理状态与能力。由于语言获得是一个人发展的最初阶段,因此,语言对孩子的智力发展与情绪的调节与控制具有直接的联系。从生理的角度看,3岁以后的孩子,其大脑的重量已接近于成人的70%,大脑的各个中枢部位已经逐步在发挥重要的作用,而这种作用的外在表现,就是智力和表情。按心理学的观点,智力是一种能力,而不是知识与天赋的结合,是一个人在新的环境中,运用已经塑造形成的脑的机制活动,充分地发挥作用和解决问题的能力。

情绪和智力结合而形成的情绪智力,也是个体适应环境的一种能力。环境变化会使人产生情绪与智力上的某种变化,从而促使一个人的行为上的变化。许多心理学研究指出，那些出生后，由于各种原因，在精神、情感上很少得到爱抚的孩子，在被送到正常家庭去抚养时，这些孩子的智力发育会变得比较良好；而一直不能获得正常抚养的孩子，他们在情绪情感上会表现出紧张、敏感和孤独，使他们在智力的发展上明显滞后。这充分说明，人的情绪智力与父母的爱抚、良好生活环境，以及孩子自己的实践经验有着密切的关系。

孩子的情绪智力的发展，首先体现在培养孩子能够用手做比较精细的动作上，其中，很重要的是，要引导孩子的耐心。由于孩子总要自己来做，并希望一蹴而就，往往在不成功时，就会转移注意或不再坚持，这样就会一事无成。精细动作技能的形成，是培养孩子智能发展的很重要的方式。为此，父母在给孩子提供刺激丰富的环境时，要注意如何来开阔孩子的视野。要让他接触外界的事物，比如，经常带他出去走走，见见车辆、花草、树木，同时要求孩子仔细观察物体的细节，以培养他们在有意识作用下对事物描述的准确性。

另外，父母要帮助孩子选择适宜的玩具。其实，孩子的玩具，并不是越贵越好，也不是越电气化、自动化越好。对这一年龄段的孩子来说，积木和拼图板就是不错的玩具，因为这些玩具能够让孩子很容易去拼搭他们想象的各种东西，这样就非常有助于发展他们的想象力和形象思维能力，同时，在玩这些玩具时，必须要高度集中自己的注意力，控制住自己的呼吸、手部的动作，还要动用自己存储在记忆里的东西，把它们表现出来。所有这些，都在锻炼孩子的智慧与情绪的调节和控制。在对玩具进行装配或拆卸时，他们能从中学会区别物体的形状、大小和颜色，以增长对事物的更准确的概念。

当然，作为父母，应该尽可能多地花费一些时间与孩子一起玩耍。心理学的大量研究表明,父母经常与孩子共同从事游戏或玩耍,能够很有效地帮助和促进孩子的智力发育,尤其是情绪智力的良好发展。这是因为当父母与孩子一起共同游戏时,孩子会感到很安全,他们更愿意在父母的指导下,去观察和拓宽自己所接触到的丰富多彩的世界。另外,父母经常与孩子一起游戏与玩耍,能够促使孩子对父母的言语、动作与行为模仿。模仿是孩子智力发展和情绪表达的主要形式之一。孩子通过与父母的相互作用,练习和逐渐形成自己的动作和活动技能,并获得与他人、与周围环境相互协调的能力。

在现实生活中,还可以观察到,当父母与孩子一起玩耍和游戏时,孩子会显得相当高兴。欢快的情绪状态是最适宜孩子智力开发的动力,是最好的启发孩子想象力的翅膀,是激发孩子创造性地解决问题的心理基础,是提高孩子思维能力与情绪智力的基石。因此,父母在培养孩子的智慧发展与提高孩子的情绪智力的过程中,应当起一个情绪管理者的角色,在关注孩子的自然成长的同时,还要为他们提供情绪智力发展的机会,不断地去引发孩子的好奇心,促进孩子求知的欲望。在给予孩子一个温暖、安全的情感庇护地的同时,还要为孩子创造与设计一个具有高质量的情绪智力发展的良好环境,以促使孩子的智慧与情绪智力的提高。当然,在这个年龄,作为父母要做的重要的事情是培养孩子的良好人格特征,而人格特征与情绪智力是紧密联系的。一般来说,良好人格特征包括有稳定的情绪、思维与活动的独立和自主性、自信与乐观以及具有良好的社会适应能力等方面。为此,父母要发展孩子愉快、稳定的情绪情感,就要尽可能地参与孩子的活动,要更多地与孩子交流与谈话,包括看起来是一些非常平常的事情,也要用心去发现其中的话题,从而与孩子建立起信任感,使孩子对你产生信赖感。

对不同年龄阶段孩子的不同情绪情感需要，给予不同内容的情感关照，帮助孩子适应成人社会对他的要求，帮助孩子逐渐培养起乐观向上和积极稳定的情绪情感。

在培养孩子独立自主性方面，父母要明白，孩子的心理状态是希望不依赖和不追随大人，他们很希望能独立活动。这个时候，孩子一方面要求独立做事，但是另一方面他又不得不依赖成人。因此，要培养孩子的情绪智力，首先要使孩子具有对父母的安全感，当孩子有问题时，他能够预期得到父母的支持。如果父母对孩子的独立性不以为然，有时甚至还要给予斥责时，这样就会在无形中使孩子产生焦虑和不安定的情绪，使孩子严重地缺乏安全感。在培养孩子的独立性和自主性方面，父母必须要有耐心。孩子的独立性的培养，一方面依赖于孩子的生理的自然成熟，另一方面也依赖于孩子的心理成熟，这是一个比较长期的发展过程，父母不能操之过急，要记住，欲速则不达。同时，父母要因势利导。当孩子对某件事情抱着探索或产生疑问的时候，父母就要有意识地让孩子自己去思考，这时正好是孩子使用和锻炼大脑的时候，父母千万不能要求孩子立即正确地、完美地回答问题，而应该给孩子比较充分的时间来思考和寻找解决问题的答案；同时，在孩子碰到问题无法自己解决时，可以给孩子一些启发与建议，而不要代替，更不要包办。心理学家认为，世界上每一个孩子都是有希望成为人才的，关键在于父母，如果父母总是对孩子说："孩子，你怎么回事，又错了，哎，真笨啊，还是我来吧！"这样孩子可能真的没有什么希望了。

作为一个社会人，他在社会的任何环境或任何场所里，都必须遵守一定的秩序和规则。哪怕在家里或幼儿园、学校都是一样的。这种能够自觉地遵守社会秩序和规则的能力，被称为社会适应能力。培养孩子的社会适应能力是父母的重要职责，它也是情绪智力的重要方面。说起来容易,但做起来却比较艰难。比如,当孩子不小心摔倒了,大声地哭起来但没有什么危险时,父母是去抱他呢,还是让他自己爬起来呢?这对父母来说是一个令人困惑的现实问题。如果孩子跌倒了,父母总是马上跑去把他扶起来的话,就会养成孩子任性、吵闹的不良习惯。许多父母都因此而感到烦恼与忧虑,甚至感到十分困惑。如何来培养孩子良好的社会适应性能力呢?以下的做法可以作为父母的参考。

在孩子学习要求某一类东西的时候,比如,他哭闹着想要某样东西的时候,父母要让他知道必须在什么时候、什么情况下才能得到满足,要教会他在此之前只能等待,并且不能哭闹。如果孩子坚持不断地哭闹,父母由于不胜其烦,而立即答应了孩子的要求的话,就不可能培养孩子的良好社会适应性的能力,也不可能有比较高的情绪智力水平。因为这时孩子已经学会了这样的一种方法,即只要自己哭闹,就可以达到各种各样的目的,如果父母不答应他的要求,他就一直哭闹直到父母答应他为止,这在心理学理论中称为强化的结果。

培养孩子社会适应性能力的最重要的基点,是要教会孩子能够控制自己的情绪和不能采取不正当的行为,比如,为了达到自己的目的而打人、抢玩具、挑食物等,父母要告诉孩子,为了达到自己的目的或为了满足自己的欲望的话,必须首先要学会忍耐和等待,必须要能够调节与控制自己的情绪。在这一点上,父母自己应该对自己的情绪与行为表现控制得非常严格,应该是孩子的榜样。如果父母自己的行为散漫、说话不算数、情绪冲动,不但会失去孩子对自己的信任,而且也会成为他们效而仿之的对象。父母要坚持正确教育孩子的原则,尤其要根据孩子的心理特点进行有的放矢的培养与训练。另外,在培养孩子良好的社会适应能力时,父母不仅要能够以身作则,而且要坚持父母双方一致性的教育原则,以帮助孩子建立良好的生活与学习习惯,形成自觉遵守社会秩序与规则的社会适应能力。

在日常生活中我们可以看到,有些孩子做事、说话总是一副畏首畏尾、犹豫不决、谨小慎微的样子,如果孩子的这些特征父母视而不见、听而不闻,那么,就有可能发展成为一个情绪不太稳定的人,甚至会发展成为一个人格不健全的孩子,当他们长大以后,也许会成为一个懦弱的人。因此,从小培养孩子的自信心是一项非常重要的事情,它可以帮助孩子获得克服困难的勇气,促进孩子的全面发展。在培养孩子的自信心时,父母要注意,不要紧盯着结果,而应该关心过程。父母往往有这样的心态,总是把自己的孩子与其他的孩子进行比较,其实这并不重要。关键是要看孩子在做某件事时,是否从中学到如何做事的技能和习惯,以及在做事的过程中如何发挥自己的想象力、创造力;如何在做事时控制和调节自己的情绪感受;以及如何能够准确地掌握动作技巧。父母不必为孩子在做某件事时的失败、落后而担心或懊恼,当然,也不要为孩子的暂时领先或胜利而欣喜若狂。对孩子最重要的是他们得到了做事的经验,以及在完成事情的过程中所体验到的那种愉快的感受。

另一方面,父母在要求孩子做某件事情的时候,不要把标准定得太高,对孩子的期望要适当。如果父母对孩子的要求过高,就很容易引起孩子的失败感的负面情绪,当然也不要把对孩子的要求与标准定得太低,以至于让孩子很容易达到或完成,从而使孩子产生骄傲与轻率的心理。如果父母对孩子的期望过高,孩子会感到心理上的压力过大,使孩子产生焦虑,甚至过度焦虑,感到极不愉快,情绪低落,信心丧失,这样会对孩子的情绪情感和人格产生很大的伤害,这应该引起父母的高度重视。在孩子做事失败或不顺利的时候,不要过于责备和埋怨,更不要讽刺挖苦。父母此时应该与孩子共同寻找导致失败的原因,让孩子在成功或失败的时候能感受到父母同样的关心、爱护与鼓励。在培养孩子健康情绪的过程中,父母自己的言谈举止也是非常重要的。心理学的研究表明,情绪不稳定、缺乏自信的父母是很难培养出充满自信的、情感丰富的孩子。孩子是在耳濡目染中模仿父母一言一行的态度与处事方式的,父母的勤劳、勇敢、自信、进取、乐观等良好品质会内化为自己的人格特征。培养具有优良品质、个性坚强、乐观向上、勇于进取的高情绪智力孩子是父母的重要任务。当然,在这个过程中,艰辛是必然的,但同时它也会带给父母极大的快乐与欣慰的回报。

4 培养高情绪智力孩子的辅导步骤

基础——父母对孩子有同情心

同情,从字面上说,是指对别人的遭遇在情感上发生共鸣。由此,我们所说的同情心,是指父母能对孩子的情绪情感感同身受。先设想一下一个缺乏同情心的家庭中孩子成长的情形。在这样的家庭中,父母总是希望自己的孩子永远愉快、高兴、满足和安静,因此,在家里,忧伤或愤怒等负面情绪往往被看作失败或消极的象征。每当父母看到孩子情绪低落时就会焦虑不安,总是告诉孩子,他们宁愿看到的是满意、微笑、乐观、高兴,"要朝好的方面看"、不埋怨、不否定任何人和任何事。而作为孩子,则认为父母总是对自己好,如果有坏的情绪就表明自己是一个坏孩子。因此,孩子的一言一行就会尽量达到与满足父母的各种各样的期望和要求。然而,在孩子的成长过程中,其身体发育、社会心理发展、个性形成、智力进步和道德品质等方面难免会出现不如意的事情,有时甚至是非常困惑的问题,这是不以孩子的意志为转移的,他不可能让自己永远保持愉快、高兴、满意的情绪与笑脸。比如,孩子在学校里被老师指责、被自己最要好的同伴误解、考试有时不及格、好不容易盼来的春游度假其风景与节目安排实在令人失望,等等,这些事情对父母来说是正常的,并认为这些是不会使孩子烦恼的。当孩子出现了由于学校的事情导致的负面情绪,父母就会说:"一定是你做错了什么,否则老师为何要责骂你呢?""这次考试不及格是因为你实在太贪玩,没把心思放在学习上,算了,下次考得好些吧。"……这样,过不了多久,孩子就会慢慢悟出,爸爸妈妈并不希望了解自己所碰到的各种各样的问题与困惑,以及由这些问题引起的负面情绪。因此,当孩子在学校再次遇到类似麻烦后,回到家里仍旧会装出一副笑脸或毫无表情地面对父母。孩子会认为,没有必要去惊动父母,他们既然讨厌我碰到的问题,也就不会来帮助我分析和解决由这些问题引起的负面情绪。有时,父母亲会突然询问:"今天在学校过得怎样?""不错。"孩子会心不在焉地回答。"没事就好。"父母应答道。然后一家人共享着晚餐的美味菜肴。

你看,孩子在这样一种家庭中成长,会有怎样的情绪智力,又怎能学到调控负面情绪的知识与技巧呢?

首先,孩子在心里会认为自己与父母是完全不一样的,因为父母好像根本就没有像自己所具有的那些使人难过的和不适宜的情绪感受,而自己所具有的这些感受可能是有问题的,否则父母为什么就一点也不理解呢?孩子又会想到,自己有时碰到不如意事时,会感到困惑和悲伤,而悲伤是一种缺点,愤怒更会使家人在情绪上产生恐惧和悲哀,这样,就会破坏家里的氛围。

其次,孩子会发现,如果自己不表现出各种各样的负面的情绪感受,父母的情绪就会很好,那么,自己的活动空间会很大,就能够做自己想做的事情了。同时,他们也会发现,和父母讨论自己的内心世界或对某事、某物、某人的感受是没有什么意义的,因为,父母总是说这种事情现在讨论对你来说还太小,等你长大后再说。这样,孩子一定会感到孤单与困惑,就更不愿意与父母交流。孩子不与父母交流,并不意味着孩子没有情绪情感上的感受问题。例如,生日时得不到自己想要的礼物,最要好的同学与自己产生矛盾而去找了另外一个新朋友,一个人在食堂或自助餐馆内排队等候,最疼自己的祖母或外婆去世了,等等。而所有这些负面的情绪感受,对一个孩子来说都是很难过的,但由于得不到父母的理解,孩子不能表现却还要掩饰它们,同时还要尽量装出若无其事的样子,于是就会尽量回避容易引起冲突、愤怒及痛苦的负面情绪的地方,以无节制地看电视与玩游戏等来忘记自己的烦恼。其实,这就等于把自己与父母、同学和同伴群体隔离开来、封闭起来。这可以从越来越多的孩子迷恋网络世界得到印证,现在许多孩子其实是非常孤独与寂寞的,他们内心的丰富情感无处交流,只好面对虚拟的空间、虚拟的人物来摆脱心中的不悦。

那么,如果孩子生活在具有同情心的父母的家庭里会是怎样的呢?有同情心的父母对孩子一言一行的了解其主要目标不是去追求孩子表面上的愉快或高兴,而是要了解孩子快乐或者痛苦的真正原因。比如,父母问孩子"你还好吗"的时候,是想了解孩子高兴或痛苦与否的真相。孩子并不会被迫地回答说"还好",因为他们知道,如果回答"我今天特别不高兴"的时候,父母也不会马上乱下结论,也不会把孩子的这一回答视为灾难临头,而会慢慢地倾听孩子接下来讲述为何生气的事情及其发展过程,然后尽力帮助孩子分析事情发生的原因并帮助孩子去面对与解决它。比如,孩子说他在学校里和要好的同伴发生了争执,父母或许会问孩子发生争执的原因,孩子的情绪感受是什么,以后当遇到类似事情时,自己是否能够提供帮助或者找出解决问题的办法,等等。如果孩子与自己的老师发生了误会,父母也不会不问青红皂白地总是站在老师一边,他们会很好地倾听孩子叙述事情的原委并相信这一事情的基本过程的描述是可信的,因为具有同情心的父母对自己的孩子有一个基本信念,我们的孩子是诚实的。如果孩子考试中某一门功课成绩不理想,甚至不及格的话,父母会告诉孩子,自己在他们这样的年龄做学生时也有某门课程不及格的经历。这样,孩子就不会感到很孤独,也不会经常深感心中困惑,因为孩子慢慢地知道了,不管发生了什么事情,父母总是在自己的身边,父母会支持自己、同情自己、理解自己的内心感受。可见,在情绪智力辅导方面,其最基本的形式是同情心,它是父母与孩子共同具有感受他人情绪情感的一种能力,这种能力就是情绪智力之一。如果父母在教养孩子过程中,传递与交流着这种亲密的情绪了解,即相信孩子的真实情绪感受并帮助孩子学习调节与控制自己的情绪,那么,不管孩子在成长过程中可能会遇到多少急流暗礁,都能够化险为夷,越过各种人生障碍与危机,以到达光明灿烂的彼岸。

　　同情心是情绪智力教育的基础,具有重要作用,其中关键的要素是父母与孩子之间要真诚相待、相互尊重。父母要主动去体验孩子的情绪情感感受,尤其在孩子产生负面情绪体验时,要让孩子感到身边总是有父母的坚强支持。只要父母不无故地去批评孩子的言论与行为、不轻视孩子的情绪情感体验、不随意地去扭转孩子自己的意向,那么,孩子就会敞开他的心扉,让父母进入他的内心世界,会主动地告诉父母自己对某事、某物、某人的感觉与情绪感受,提出自己的想法与意见,这时,孩子的动机就会变得清澈单纯,也就更容易地使父母对他作更深入的了解。

　　当然,情绪智力辅导中的同情心看似简单,但要真去实施,并在自己的孩子身上产生效果并不容易,所谓知易行难。尽管如此,为使孩子有较高的情绪智力,茁壮成长,将来有所成就,可以按以下步骤给予辅导以提高孩子的情绪智力。

前提——父母对情绪的自我觉察

父母要能够觉察或感受到孩子的情绪情感,他们必须先能够在自己的身上经历或体验过,然后才可能在孩子身上觉察出他们所具有的情绪。"情绪觉察",其真正的意思是什么呢?是意味着"敞开心扉"、"心怀坦荡"地表露,或是开诚布公自己内心所掩饰着的东西?如果是这样的话,那么比较保守、稳重、自制力强的父母肯定会有很多的顾虑。其实,"情绪觉察"的真正含义是表示一个人能觉察自己、了解自己所感受到的情绪并有所识别,同时也能够对他人所产生的情绪情感敏感。一个人要表达或如何表达自己的情绪感受有些是受社会文化因素的影响的。像中国人、日本人等亚洲人与欧洲人如德国人的表现一般比较羞怯和自制,而美国人和拉丁美洲人一般在表现上就比较热情。这在心理学上称为人格的共同特质。然而,尽管确实存在着社会历史文化上的差异,但是并不会影响一个人对自己和对他人的情绪感受能力。那些看上去对爱情、痛苦、愤怒或悲哀的表达不明显的民族,并不代表着他们内心就没有情爱、困苦、激奋或悲痛的情绪体验,也不意味着他们没有能力去洞察或感受、回应他人的情绪情感。因此,可以这么说,在任何社会历史文化背景下生活的人都有能力去感受、理解孩子情绪感受的能力。

虽然男女在表达与感受情绪的方式方法上会有不同,但他们在感受情绪的能力上并不存在明显差异,这是大量研究所得出的结论,可是,仍然会有许多人并不认同。

人们为何会有如此普遍的观念,认为男性对孩子总是比较冷峻、"疏远"？答案是,如果男性和女性都具有相似的情绪情感感受,男性往往用掩饰、克制或忽视的方式使自己的感情不向外表露,这当然与社会文化对男性的要求有关,即为适应社会环境,面对激烈竞争,就要坚强与克制。而女性若遇到相似问题而产生情绪情感感受时,往往会不加以过分掩饰,反而无拘无束地用语言文字、面部表情、肢体语言、动作模式来表达自己的感情与感受。由此可见,男性和女性一样都能够对情绪具有同情心和反应能力。父母尽管在情绪表达上存在着差异,但他们都是很好的情绪教练,在内心都能够体验到自己所感受到的情绪,也具有认知和回应孩子们的情绪情感的能力,具有与孩子一样的情绪表现及同情心。因此,觉察情绪并不是技巧方面的问题,而是要能够去体验自己原来就存在着的情绪感受。

当然,在现实生活中确实存在着容易情绪失控的父母。对那些因出现负面情绪诸如愤怒、悲哀、恐惧、焦虑等而失控的父母来说,让他们去感受这些负面情绪是痛苦的,要他们承认自己的负面情绪已经失控是难受的,他们担心这样会与自己的孩子在心理上疏远或认为孩子会模仿他们,以同样失控的方式来发泄郁闷与痛苦,从而给孩子造成在身体上和精神上的伤害。尽管有这些担忧,但一旦出现负面情绪时,他们仍以不可控制的方式表现出来,一般表现为以下一个或几个特征:

- 经常有愤怒、忧伤、悲哀或恐惧的情绪体验。
- 认为自己的情绪感受很强烈。
- 在经历激奋的情绪感受后要使其平静下来要经过很长的时间,甚至是十分困难的。

- 在宣泄情绪感受时,常常因思维与行为之间脱节而变得十分混乱,在平时很容易解决的小问题,此时也会变得非常困难。
- 自己也意识到在发泄情绪时的行为是讨厌的,但因无法控制而带来更多的麻烦。
- 对自己的负面情绪会有所"提防",但这种"提防"很容易被冲破。
- 对自己在情绪感受时的"表现"不满意,如表面的平静、具有同情心等,认为自己只是在演戏。
- 认为负面情绪很具有破坏性,既对自己的身心健康有消极的影响,又会导致人际关系紧张。因此,绝不能有负面情绪出现。若有则是不理智的,需要获得他人,尤其是心理学工作者的帮助。

情绪失控的父母为了要掩饰自己对失控的害怕,往往会表现出"极其平静"的样子,并对孩子隐藏起自己的情绪,为了掩饰自己的愤怒、悲哀或困惑的情绪感受,他们常常不去理会孩子所具有的情绪感受(孩子可能已亲眼目睹父母之间情绪对立的场面),也不与孩子交流情绪感受。有许多研究表明,把情绪感受隐匿起来的父母,比那些知道以适当的方式与孩子共同交流的父母相比,可能会养育出少有能力、甚至根本就没有能力去适当处理负面情绪的孩子。这是因为,孩子的成长与父母在感情上的疏远与亲密有关,同时也与父母是否给予孩子有效应对负面情绪的知识、方法与榜样有关。

那么,对于那些容易情绪失控的父母,应该如何应对情绪问题呢?应该如何与孩子共渡情绪感受的情境呢?首先,作为父母应该牢记,假如孩子做了使你们十分生气的事情,发脾气是正常的,关键是你们发泄愤怒或不满的方式方法是否恰当,以及孩子是否能接受与理解这些情绪感受。情绪的发泄不应损害父母与孩子已建立起来的良好心理关系。有两点应该牢记：第一，强烈的情绪感受是可以表达的，也是应该可以控制的；第二，父母在发泄情绪感受时应该在乎孩子的感受以及行为表现。只要父母以尊重孩子的心态和态度，与孩子进行思想上、心理上、情感上的沟通，就可以运用某些激烈的情绪感受来表达真诚与热情。在情绪交流过程中，应该避免使用讽刺挖苦、侮辱揭丑以及损害人格的评语（包括相关言语与动作）来对待孩子，这些都会造成孩子自尊心极度下降的后果。

父母在与孩子交流过程中，应该关注的是孩子的行为而不是他的个性，父母对孩子的行为的评价性语言要十分明确、清晰，要使孩子清楚地知道他的行为表现已经引起了父母的注意并影响了他们的言行。

当父母感到自己已经快要气疯了的时候，仍应理智地与孩子继续交流并能够达到某种程度的了解，同时还要告诉孩子自己的想法，倾听孩子的回应。当然，当发现自己愤怒得无法平静下来进行冷静思考的时候，就不要再与孩子交流了，待自己的情绪感受比较平静时再与孩子讨论与交流。当父母感到自己已快要做出或要说些具有伤害性的言论与行为，比如殴打或用侮辱性言语责骂孩子，必须及时控制，避免打耳光或者用讽刺、侮辱以及损害人格的言语，那些表现为轻视、轻蔑的表情也必须避免。父母应在情绪较为稳定的时候再继续与孩子交流。而当自己的情绪已很难控制或感觉到会对孩子在身体上、心理上造成严重伤害又不能自制的时候，就应该找心理学专业人员给予辅导，这有助于避免今后父母与孩子的误会与冲突，避免做出令自己将来后悔莫及的事情。要知道，孩子总是渴望着父母的关怀、亲近与温暖的，他们最关注的是父母对自己言论与行为的评价，所有的交往，包括精神上（思想上、心理上)的交往都是双向的,在家庭中,既应该允许父母之间情绪的发泄,也应该允许孩子偶尔用闹情绪的方式来宣泄自己的郁闷与痛苦,作为父母应该开诚布公地谅解他们并给予适当的指导,这是十分重要的。

情绪觉察是很重要的,但许多父母并不意识到这点。下面的测验可以帮助父母来反省自己的情绪感受,可以告诉你如何来体验自己的愤怒或悲伤以及对情绪的感觉如何。每一道题目的答案没有对或错,最后的得分结果可以帮助你衡量自己情绪觉察的程度与水平高低。有关这方面知识的了解,使你既可以洞察他人的情绪感受,尤其是了解自己对孩子情绪感受所作出反应的原因,也可以了解自己对情绪感受的反省知觉。

考察一下你对愤怒的看法

根据你最近几个星期以来碰到的让你感到挫折、生气和压力的事情,以及在生活中使你烦恼、愤怒、苦恼和不满的人,想一想在面对这些事、这些人以及面对自己而产生的愤怒与压抑情绪时,自己所具有的想法、意象以及基本的情绪感受。

阅读以下每一句话,并圈出你是①赞成、②不置可否,还是③反对,以此来了解自己对情绪的觉察力。

	赞成	不置可否	反对
1. 我认为,有许多种类型的愤怒情绪。	①	②	③
2. 我认为,要么平静,要么疯狂,没有介于这两者之间的情绪。	①	②	③
3. 我认为,只要有烦恼,其他人一看就知道。	①	②	③
4. 我能够在发火前就知道自己有不痛快的感觉。	①	②	③
5. 我一般都能够觉察出别人的愤怒情绪,尽管有时所表现出的征兆很微小。	①	②	③
6. 我认为,发怒是有害的。	①	②	③
7. 当我发火时往往会咬牙切齿。	①	②	③
8. 我发怒后会在身心留下痕迹。	①	②	③
9. 情绪具有隐私性,我总是试图不让它们表现出来。	①	②	③
10. 发怒时我有身体逐渐发热的体验。	①	②	③
11. 对我来说,愤怒是一种累积后的爆发。	①	②	③
12. 我认为,发火是释放压力的一种方式。	①	②	③
13. 我认为,发怒会持续不断地给自己增加压力。	①	②	③
14. 我感到发怒会使自己失控。	①	②	③

15. 当我生气时就会明确告诉他人,我是不可以任意被人摆布的。　　　　　　　　　　　　　　　① ② ③
16. 愤怒是表示自己严厉或坚定的一种方法。　① ② ③
17. 发怒会给我处理某事或某人的力量,而不至于被他人击败。
　　　　　　　　　　　　　　　　　　　　① ② ③
18. 我往往把愤怒压抑并深藏内心。　　　　　① ② ③
19. 我认为,一个人压抑自己愤怒的情绪会引起疾病。
　　　　　　　　　　　　　　　　　　　　① ② ③
20. 我认为,人的愤怒情绪是自然产生的。　　① ② ③
21. 当我愤怒时,往往像是炸弹爆炸似的。　　① ② ③
22. 我认为,愤怒是一把火,会把人吞噬掉。　① ② ③
23. 我愤怒时往往能泰然处之,直到它慢慢消退。① ② ③
24. 我认为,愤怒情绪是一种破坏力量。　　　① ② ③
25. 我认为,愤怒是一种不文明、不理智的状态。① ② ③
26. 我认为,愤怒具有毁灭性。　　　　　　　① ② ③
27. 我认为,愤怒与侵犯两者之间并没有多大的差别。
　　　　　　　　　　　　　　　　　　　　① ② ③
28. 我的看法是,孩子的愤怒情绪是恶劣的,应该受到惩罚。
　　　　　　　　　　　　　　　　　　　　① ② ③
29. 我认为,必须把愤怒在某地、某事或某人身上发泄出来。
　　　　　　　　　　　　　　　　　　　　① ② ③
30. 我认为,愤怒会给人以力量、魄力和能力。① ② ③
31. 我认为,愤怒与伤害是相互伴随的,愤怒是因为伤害而起的。
　　　　　　　　　　　　　　　　　　　　① ② ③
32. 我认为,愤怒与恐惧是相互伴随的,愤怒是因为内心缺乏安全感所致。　　　　　　　　　　　　　① ② ③

33. 当发怒时,我总觉得是在维护自己的尊严。　① ② ③
34. 愤怒时绝大多数时间是不理智、烦躁的。　① ② ③
35. 处理愤怒情绪状态的方法是让时间去冲淡它。
　　　　　　　　　　　　　　　　　　　　① ② ③
36. 我总是以愤怒来表达无助与沮丧的情绪。　① ② ③
37. 我总是把自己的愤怒情绪隐藏起来而不表达出来。
　　　　　　　　　　　　　　　　　　　　① ② ③
38. 我认为,让他人看到自己发脾气是很丢脸的事情。
　　　　　　　　　　　　　　　　　　　　① ② ③
39. 如果能把愤怒情绪加以控制,其他事都好办。① ② ③
40. 我认为,一个人的发怒,就好像把脏东西扔在别人身上那样可恶。　　　　　　　　　　　　　　　① ② ③
41. 我认为,发怒是令人讨厌的。　　　　　　　① ② ③
42. 我认为,愤怒情绪的表达令人困惑与窘迫。　① ② ③
43. 我认为,健康人是不会发怒的。　　　　　　① ② ③
44. 我认为,发怒意味着吵架。　　　　　　　　① ② ③

	题号	1	3	4	5	7	8	10	11	12	15	16	①总次数	②总次数
组1	选择													
	题号	17	19	20	27	29	30	31	32	33	41	42		
	选择													
组2	题号	2	6	9	13	14	18	21	22	23	24	25		
	选择													
	题号	26	28	34	35	36	37	38	39	40	43	44		
	选择													

说明:能够觉察愤怒情绪的人会以不同的态度来给上述提问

进行选择。他们既能够较容易地在自己或他人身上发现这些负面情绪,也能够体验到这种负面情绪的强弱表现程度。那么如何来了解自己的情绪觉察力是强还是弱呢?可以计算以上对愤怒这一情绪的积分。先把组1选择为①即"赞成"的总次数减去组2中选择为①的总次数,得分越高,则说明对愤怒情绪的觉察能力越强。然后统计组1、组2选择②即"不置可否"的总次数,若达到10次以上,则表明你对自己和他人的愤怒情绪的觉察力较弱,必须加以注意。

考察一下你对忧伤的看法

根据你最近几个星期来感到难过、郁郁寡欢或伤心的时候,以及在生活中表现出悲伤、沮丧或忧郁的人,想一想在面对这些事、这些人以及面对自己而产生的忧郁与沮丧情绪时,自己所具有的想法、意象以及基本的情绪感受。

阅读以下每一句话,并圈出你是①赞成、②不置可否,还是③反对,以此来描述自己的情绪反应。

	赞成	不置可否	反对
1. 我认为,忧郁是有害的。	①	②	③
2. 悲伤就像患病,恢复过来就如同病愈。	①	②	③
3. 当我难受时,就想一人独处。	①	②	③
4. 我认为,悲伤有许多种。	①	②	③
5. 当我自己有一点悲伤的时候就能觉察出来。	①	②	③
6. 别人有一点悲伤的时候,我就能觉察出来。	①	②	③
7. 如果我悲伤,就会在我的身上表现出来。	①	②	③
8. 我认为,悲伤是有利的,它可以让你放慢生活的节奏。	①	②	③
9. 悲伤可以让人知道自己在生命中所缺少的东西。	①	②	③
10. 悲伤是失落与伤感的一部分。	①	②	③
11. 能够让悲伤迅速消逝,那么一切就会顺利了。	①	②	③
12. 了解与倾听他人的悲伤能净化自己的心灵。	①	②	③
13. 悲伤是没用的。	①	②	③
14. 只要痛哭一场,悲伤就会消失,这种说法是没有根据的。	①	②	③

15. 不应该把悲伤浪费在烦琐小事上。　　① ② ③
16. 悲伤自有产生与存在的理由。　　　① ② ③
17. 悲伤就是懦弱。　　　　　　　　　① ② ③
18. 悲伤的人表明他有同情心。　　　　① ② ③
19. 我认为,感到悲哀就是感到无助与绝望。 ① ② ③
20. 假如感到悲伤,去找人倾诉与交流是没用的。① ② ③
21. 悲伤时我会痛哭。　　　　　　　　① ② ③
22. 当我感到悲哀时我就害怕。　　　　① ② ③
23. 我认为,向别人表示自己悲伤其实代表了失控。
　　　　　　　　　　　　　　　　　① ② ③
24. 我认为,能够控制悲伤是一种幸运。① ② ③
25. 最好不要向别人表示自己的悲伤。　① ② ③
26. 忧伤是一种伤害。　　　　　　　　① ② ③
27. 忧伤的时候就要与他人脱离并独处。① ② ③
28. 忧伤时装作快乐是一种解脱的办法。① ② ③
29. 我认为,经过深思熟虑,某种负面情绪能被转换为积极情绪。
　　　　　　　　　　　　　　　　　① ② ③
30. 我总是努力尝试尽快从悲伤中恢复过来。① ② ③
31. 忧伤促使人反省。　　　　　　　　① ② ③
32. 忧伤反映了一个人所具有的负面人格特征。① ② ③
33. 我认为,最好不要对孩子的悲伤情绪作出反应。
　　　　　　　　　　　　　　　　　① ② ③
34. 有时我会嫌弃自己产生悲伤情绪。① ② ③
35. 我认为,情绪是生命过程中不可或缺的一部分。
　　　　　　　　　　　　　　　　　① ② ③
36. 在自我调控下的情绪均表现为积极、乐观,而不会是悲伤、

忧愁的。 ① ② ③

37. 我认为,情绪是私人的,不宜公开。 ① ② ③
38. 我认为,对孩子发泄自己的情绪就是失控。 ① ② ③
39. 在人的一生中最好不要沉溺负面情绪过久。 ① ② ③
40. 我认为,要尽量克服负面情绪的产生,只要能正常过日子就行。 ① ② ③

	题号	1	3	4	5	7	8	10	11	12	15	①总次数	②总次数
组1	选择												
	题号	16	17	19	20	27	29	30	31	32	33		
	选择												
组2	题号	2	6	9	13	14	18	21	22	23	24		
	选择												
	题号	25	26	28	34	35	36	37	38	39	40		
	选择												

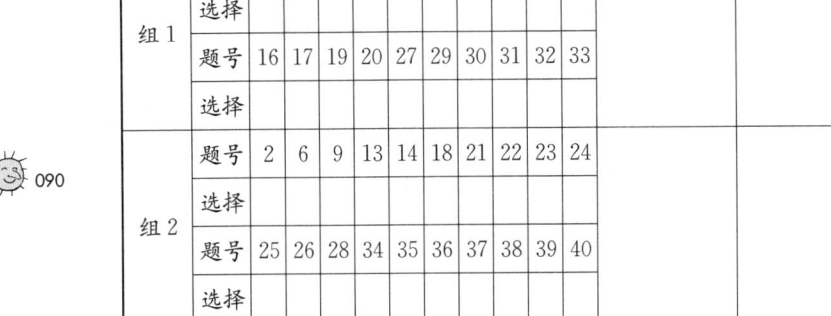

说明:能够觉察自己或他人忧伤的负面情绪,以及能够体验到这种负面情绪强弱表现的人会对上述的问题作不同的选择。先把组1中选择为①即"赞成"的总次数减去组2中选择为①的总次数,得分越高,则表明你对悲伤、忧愁等负面情绪的觉察能力越强。然后统计组1、组2中回答②即"不置可否"的总次数,若达到10次以上,则表明你对自己和他人的忧伤负面情绪的觉察能力较弱。

做完以上测验并得知结果后,你会发现需要对自己的情绪情感作更深入的认识。人们了解自己的情绪感受往往是通过写日记、谈话交流、绘画、逛街购物或其他一些艺术表现形式来进行。其实,提高情绪觉察能力的一个重要方法是独处反省,这是忙于工作的家长所缺乏的。可是,如果能经常提醒自己,独处反省能够帮助自己成为好的父母,你就会重视起来。同时,如果能有一份"情绪备忘录"也不失为一种好的办法,它可以帮助你随时随地觉察与反省自己的情绪感受与表现,这样既可以追踪反省自己已经产生了哪些情绪感受与情绪表达,也可以帮助你觉察激起自己产生负面或积极情绪的事情或人物以及自我反思的心态等,还可以帮助你对觉察由情绪感受而产生的行为反应方式。例如,你是否记得最近发火或悲伤的时候?它们是由什么引发或导致的呢?你对产生这些(种)情绪的感受是什么?是感到压抑还是后悔?当你产生那些(种)负面情绪后,其他人是否也觉察到或有什么反应?如果没有引起其他人的注意或反应,你是否会跟其他人谈起你当时的情绪感受?当然,你也可以用这种"情绪备忘录"来了解孩子的情绪反应,每当发现孩子愉快、有兴趣、兴奋、渴望、被爱、感谢、压力、悲伤、生气、苦恼、厌恶、内疚、妒忌、懊悔、羞愧、恐惧时,就记下自己对孩子情绪感受的反应。这样可以帮助父母对情绪有较明确清晰的感受,把过去视为神秘缥缈的情绪感受努力加以确定并限制其活动范围,努力加以调节与控制,最终达到对自己和孩子的情绪进行管理且不再惧怕情绪。

许多人认为,父母在孩子的社会化过程中所起的作用是树立榜样、教育和制定规则,研究也支持这些观点,表明父母应该是慈爱、热情和亲切的,其中涉及父母的教养方式。心理学把父母教养方式分为四种:专制型父母、疏忽型父母、放任型父母和情绪辅导型父母。

专制型父母会随意地制定规则,并要求孩子无条件服从,经常对行为不当的孩子进行体罚,同时不会给每条规矩赋予合理的理由,而是把"因为我说要这样"作为孩子无条件服从的理由。采取这种教育方式的父母往往沉默寡言、反应迟钝,与孩子有很大距离感,结果导致,孩子往往也沉默寡言、焦虑不安和闷闷不乐。父母的这种专制型教育方式往往会使孩子的智商偏低并缺少生存技能。

疏忽型父母往往对孩子采取放任自流的态度,不参与孩子的生活,导致孩子更容易产生心理上的不安全感和依恋感,在童年期和成年期会遇到人际交往上的困惑与障碍。由于缺少父母对孩子的监控,孩子到了青春期间很容易出现不良行为,以及由于情绪冲动的攻击性行为。

放任型父母往往表现为很热情并且乐于助人,但很少给孩子制定规则或是给予要求,并且很少强制孩子做什么或不能做什么,允许孩子自己做决定并且控制自己的行为。接受这种教养方式的孩子往往不太成熟,比较任性和冲动,并且具有很强的依赖性,孩子的自制力以及独立生活能力也比较弱。

情绪辅导型父母会给予孩子设立比较高但是切合实际和有理有据的行为标准,实施相应限制并且鼓励独立和进行开放式的交流,同时还很乐意与孩子探讨规则和制定规则的理由,知道哪些规则为什么是必需的,这样就会让孩子更容易将其内化并且加以遵守。有时候,尽管父母不在身边,孩子也会按照规则表现和做事。此类父母往往比较热情、敏感、亲切和善于鼓励和支持,也很注重孩子以及孩子的意见和新想法。在这种教养方式下成长的孩子往往比较成熟、快乐、独立和自信,也拥有较强的自制力、社会交往能力和责任感。孩子在校期间表现为有较好的学业成绩、较强的独立能力和较高的自尊心,并且能够内化更多的良好道德标准。可见,在父母教养方式中,情绪辅导型父母的教养方式最利于孩子的健康成长。

情绪辅导型父母在帮助孩子提高情绪智力的过程中,遵循以下五个关键步骤。

步骤一：觉察孩子的情绪感受

要觉察孩子的情绪感受,最好是把自己对情绪的敏感性联系起来,无论自己的感情多么强烈或困惑,都尽量与孩子的感受相协调。当然,不容否定的是,即使父母自己是一个对感情敏感或易于觉察与理解的人,也不一定说明父母就能很容易地对孩子的情绪给予充分了解与理解。有一点需要指出的是,孩子的情绪与情感往往是以间接的方式表现出来的,有时他们所采用的方法往往令人十分困惑与迷茫。因此,父母要了解孩子表达感情的特点,仔细观察与耐心倾听,就能够获得孩子在与父母的互动交往过程中和每天所表现出的各种无意识的行为表现中隐匿着的感情信息。

其实,孩子和父母及其他成年人一样,他们的情绪的产生都是有原因的,不管他们是否能够清晰地表达这些原因。每当看到孩子为了一些看似不合理的事情发怒,有时甚至觉得他们无缘无故地发怒或不安,父母如果能够退一步来看待这种情绪状况或从孩子的整体生活来思考的话,可能就会理解孩子的情绪并能够帮助他们解决一些问题。要知道,一个3岁的孩子不可能会告诉你:"妈妈,对不起,我最近太烦躁了,之所以我做不好这件事,那是因为自从我去了托儿所以后产生了许多压力。"同样,一个8岁的孩子也不会告诉父母:"当我听到你们为了钱在争吵时,我会感觉十分紧张。"孩子的那些压力和紧张的情绪感受是真实存在着的,这些真正的原因完全可能导致那些负面情绪。

一般来说,7岁左右的孩子,往往会在游戏或在与大人们的交往过程中无意地表露出自己的情绪感受。游戏中,他所担当的不同角色、场景的设置、道具的使用等都可能让孩子真实地表现出他们的情绪。当然并不是对孩子的所有信息父母都是易于理解的，不过透过游戏与交往，他们一般都会反映出自己的感受，尤其恐惧诸如被遗弃、疾病、伤害、孤独等，一般都会通过游戏过程表现出来，因此父母可以从孩子的游戏活动中获得、提出并引起警觉。另外，孩子在情绪上的不安征兆也会在行为上表现出来，比如过量进食、胃口差、做噩梦、胃疼或头痛等。假如你觉得孩子似乎处于忧伤、愤怒或恐惧状态时，就要尝试设身处地以他们的视野和观点来看待周围环境，这样对孩子很有帮助。请记住，孩子是非常容易受伤害的，尤其是心理上的损伤。总之，当父母知道自己确实感觉到孩子的感受时，也就体验了同情心，它是父母对孩子情绪辅导的心理基础。

步骤二：认可孩子的负面情绪

对于许多父母来说，认可孩子的负面情绪，是与孩子亲近并对孩子进行情商教育的机会。认可孩子的负面情绪，会让孩子感到一种慰藉、一种心理放松。父母可以把孩子的愤怒视为他们对某些东西而不是对父母权威的挑战，孩子的恐惧情绪不是父母无能的表现，而孩子的悲伤也不是给父母找麻烦。要记住，孩子在伤心或生气或害怕时最需要的人是父母，父母应该具备安抚一个情绪不安的孩子的能力。可以这么说，认可孩子的情绪情感，可以帮助孩子学习慰藉自己、调控自己的方式与技巧，孩子一旦拥有这些，足以应对将来激烈竞争的社会。

有些父母并不喜欢孩子出现负面情绪，总是有意地去忽视孩子已有的负面情绪，希望这些负面情绪会自动消失。其实，这不可能如父母之意，相反，只有在孩子述说自己的不快感受时，父母重视它并加以认识它、讨论它,使孩子产生有被父母了解、理解的感受,尽管可能并没有实质性解决什么问题,但这些在孩子身上存在着的负面情绪则会逐渐消散。因此,父母在孩子情绪尚未上升到要爆发的危险前,认可这些看似微弱、其实带有不良后果的负面情绪感受是很有现实意义的。如果你是一个四五岁的孩子因去看牙齿而显得很紧张时,你最好在前一天就先行讨论治疗牙齿时会出现的恐惧,而不要等到孩子坐在诊疗椅上大哭大闹时再去安慰,这时的效果会大打折扣。

认可情绪情感是情商教育的第二个步骤,它要求在孩子的情绪尚未强烈到要爆发之前给予认可,并与孩子一起讨论其负面情绪的感受,这样可以减少不良后果的产生,同时又可以使孩子在潜移默化中习得父母处理负面情绪的倾听方法和解决问题的技巧,从而有充分的心理准备来应对未来的考验。

步骤三:倾听与肯定孩子的情绪感受

情绪辅导过程中最重要的一个步骤是倾听。倾听并不仅仅是以双耳搜集信息,而更要利用自己的双眼去观察孩子的情绪表现。父母还要运用推理与想象,透过孩子的情绪表现来了解他们的内心状况,用言语来安抚、安慰和慰藉孩子,用非批评的方式来反映孩子情绪感受中所表露出的东西,帮助孩子认识自己的情绪情感并调控好自己的言论与行为。其中,最重要的是,父母必须在内心真正去感觉孩子的情绪感受。

要与孩子的情绪感受一致,父母就要专注孩子的一些肢体语言、面部表情和手脚动作。父母可能回忆起以前他们所看到过孩子的那种紧锁双眉、紧咬牙齿、捶胸顿足或烦躁不安的情绪表现,那么,从中可得知孩子是一些什么感受呢？记住,只有当父母以体贴关怀的态度、集中专注的精神,使孩子透过你的肢体语言知道你将会很认真地倾听并对待他的事情,会回应所听到的和留意情绪发生的细节时,孩子才会敞开心扉向你诉说心中的不快与苦闷,才会寻求父母的安慰与帮助。心理学知识告诉我们,当父母以耐心倾听的方式来对待情绪激动的孩子的诉求时,与他一起探讨要比你们连续不断地对话更有效。如果父母问孩子"你为什么会感到难过呢？"这种问话对孩子来说,很难回答。因为孩子并没有从经验中进行反省的经历,所以也就无法立刻能说出一个答案来。他可能会说是与同学吵架而感到难过,或因为昨晚作业做得太晚感到十分疲惫,或担心近期的考试无把握而感到难受等,即使他说出以上任何一个理由也未必有充分的理由来解释他的感受,在这种情况下,质问孩子只会使得他更为缄默与难过。比较好的做法是,你所说的是你所留意的事情,如"你看起来好像蛮疲倦的嘛"或"我看到你提到明天的考试时眉头都紧皱起来了",然后等他的反应,然后再与他一起讨论。

另外,父母不要去问一些自己已经知道答案的问题,比如"昨天晚上你几点钟回家的?"或者"是谁打碎了这只花瓶的?"这些都带有一些不信任和布置陷阱的意味,似乎你在等待着他撒谎。最好的办法是明确表明自己的观点与态度,使孩子了解你的想法。比如,你可以这么说:"你昨晚过了大约10点才回来,我认为太晚了,以后不能这样。"或是"我知道妞妞把花瓶打碎了,我很难过,因为这是我最喜欢的。"告诉孩子你自己的态度,是提高孩子情商的一个有效办法,他们可以从中学到,自己的难过感受父母也有,但父母能很好地控制。由于他感到自己的一切能被父母了解,因此也就能够接纳父母的意见与建议,从而逐步提高自己的情绪智力。

步骤四：帮助孩子准确描述他的情绪感受

情绪智力辅导过程有一个简便易行但却非常重要的环节，那就是当孩子情绪受到了某些刺激时，引导他们去描述这些情绪，这样，可以帮助孩子确定哪些是导致不舒适感觉的"情绪"，帮助孩子把那些恐慌的、愤怒的、忧愁的、不愉快的无形感受转换成可以被定义的、有一定界限的、能被他人理解的、是每天都在日常生活中发生的正常人的情绪感受。所有这些都是每个人都有或都会有的经历，而且每个人都必须面对它和可以加以处理的。

情绪感受的描述必须伴随着父母的同情心，当父母看到孩子哭泣时，说："你现在感到很伤心，是吗？"如果是这样的话，孩子心里就会感受到自己难过已得到了父母的理解，并可以用语言来形容这种强烈的负面情绪感受。心理学研究表明，情绪感受的描述对神经系统有一定作用，它能够帮助孩子从心理不安的状况中较快地稳定和恢复过来，这可能是在一个人情绪激动和体验情绪中同时进行的，因为当用语言对负面情绪感受进行讨论时，语言活动引起了大脑左半球，即语言的逻辑中枢的兴奋，由此来引导和帮助孩子心理平衡与培养对事情的专注。那些在年纪很小的时候就能够用语言来控制自己情绪感受与表现的孩子，其情绪智力一般就比较高，并且表现出以下几个典型的特征：能比较专心做事情，有良好的人际关系，有较优秀的学业成绩，有良好的健康状况等。因此，给父母的建议是，帮助孩子用清晰的语言来描述他们的情绪感受，尤其是那些孩子反应比较强烈的负面情绪，不是要求孩子讲述自己应该有的情绪感受，而是要帮助孩子逐步发展出一些表达他们负面情绪的词汇，用那些清晰准确的语言来稳定自己的情绪反应。你的孩子越能够用准确清晰的言辞来表达自己的情绪感受越好。这样，既可以使孩子自己来调控情绪，也可以帮助你很快了解孩子负面情绪产生的缘由。当然，人常常会有许多自己也说不清道不明的情绪感受，特别是很难用适当的语词来描述某些混合性的情绪，这对孩子来说就更困难了，并可能会造成许多烦恼。比如，明天要去远游，这时他可能会感到高兴，也可能会感到担忧想家，这时孩子或许会想："我好像有什么地方不对劲？"在这种情况下，父母就要帮助孩子去探究他的情绪领域，要耐心、清晰地告诉他，同时产生两种甚至是相互对立的情绪体验是很正常的事情，这种情况不但在孩子身上存在，在成年人身上也普遍存在，并不要太在意，关键是如何正视它们，正确处理它们。

步骤五：设置规范，帮助孩子解决情绪问题

当父母能够按照上述步骤，花时间来耐心倾听孩子诉说情绪感受，帮助孩子来理解他们所描述的情绪情感之后，就可以进入下一步骤，那就是帮助孩子解决情绪问题。

这一步骤大体上可以概括为以下五个环节：

第一个环节：设置规范

父母要解决孩子的情绪问题，首先要对孩子的不恰当行为进行规范。当孩子受到了某些挫折后，可能会以哭闹等不适当方式来表现其负面情绪，也可能会殴打同龄伙伴、摔玩具或用脏话谩骂，等等。这时，父母在了解了这些行为表现所蕴含着的负面情绪感受，并帮助孩子描述负面感受后，就要让其明白其中的有些行为表现是不恰当的，有些行为甚至是不被接受与容忍的。然后，父母

要指导孩子自己思考,哪些行为表现能被他人接纳?哪些行为是必须加以控制与改正的?尤其要考虑明白,以后碰到类似负面情绪时,应该用哪些比较适当的方式来面对与处理好自己的负面情绪感受。

帮助孩子解决负面情绪问题的关键并不是要他们知道所产生的负面情绪是什么,而是要他们明白道德品质与不良行为举止是什么,这才是问题的关键所在。在人与人之间的社会交往与人际关系的建立方面,人们所有的感受,包括正面的积极情绪情感、负面的消极情绪情感和人们所期望的、现在还没有出现的情绪情感都是可以被接受的,但并非人的所有的行为举止都能被社会所容忍与赞赏,因此,父母的重要职责之一是对孩子的行为举止设置行为规则,而不是对孩子的所有情绪情感的感受去设置规范,父母必须要明白它们之间的重要区别。

在现实生活中,要孩子改变他对某一种情境的感受是不容易的,比如,孩子对害怕、愤怒、忧伤等负面情绪,并不会由于父母对他说"这点小事,还不至于会有这种感觉吧?不要哭了"就会消除。同样,如果父母除了告诉孩子不应该有哪些感受的同时,还指出应该具有其他某种感受的话,孩子就会不相信自己所具有的真正的情绪感受,慢慢地会产生出一些自我怀疑以至于自尊心的逐渐消减。反之,如果父母能认识到这些状况,并告诉孩子,他们对某些事情所拥有的情绪体验是真实的,并希望他能用适当的方法来表达出来,这样,孩子的良好性格的形成以及自尊心的发展就不会受到伤害,同时,孩子也知道自己身边有一个了解自己情绪感受,并会在自己找不到正确答案或解决方法时来帮助自己的大人。

在实际生活中,我们经常听说,父母要给孩子立一些规矩以规范孩子的行为。这种想法与做法是可以理解的,关键是父母要给孩子规范哪些行为,要立哪些规矩?一般来说,父母应该根据自己正确的价值观来给孩子立规矩,但必须有所宽容。比如,父母应该接受"孩子刚穿上的干净衣服会很快就脏了"的事实,因为对孩子来说,他们正常的行为就是奔跑而不是走路,看到树就会去爬,看到镜子就会去做鬼脸,看到河流就会去扔石子,等等,这些对大人来说都是不大可能发生的行为,但在孩子身上却司空见惯。因此,父母在允许孩子有以上这些行为的同时要求他不为过分。对孩子来说,他们就会在这些行为中得到自信并增强表达情绪情感感受以及发展思考问题的能力。但是,父母千万不要宽容孩子那些不良行为,比如带有破坏公物或伤害他人的行为。因为,这种宽容反而会给孩子带来情绪上的焦虑,不知到底是做对还是做错,并会增加孩子得寸进尺的行为和无法满足的特权要求,一旦处理不当或不及时,甚至会使孩子走上犯罪的道路。

父母在给孩子行为规范的过程中,头脑中可以先确定一些"行为规则",并把这些规则区分为"三段":(1)一段为合适行为举止,这是父母要求孩子采取的行为。当孩子出现类似行为时,父母要及时赞赏这种行为并给予明确的鼓励,让孩子明白,父母希望今后能够多产生或表现出这些行为。(2)一段是不被认可的不端行为,它是由于某些特殊原因而暂时被容忍的行为。比如,家中来客时,孩子会出现所谓的"人来疯"行为,碍于客人的情面,你或许不会马上批评或制止孩子的不当行为,但必须让孩子知道,你可以退一步容忍他的这些行为,完全是由于情况特殊所致。(3)一段是不能容忍的行为,这包括伤及他人并给别人带来痛苦的行为,不合法的、不道德的、邪恶的,以及那些社会所不容许的行为。父母要告诉孩子,必须要遵从社会公德,否则,当违反社会规则的行为产生时会受到社会的严厉惩罚并将带来严重的后果。一般来说,在关切、赞扬或奖赏孩子的适当行为的同时,不断提醒与强化他们避免出现违法行为,这时的效果最佳。

其实,有许多方法可能使孩子产生适当的行为。比如"暂时隔离",即把孩子短暂隔离,使他们不与其他孩子和父母有正面接触与交往,这是一种比较有效的制止孩子不端行为的方法,当孩子的情绪慢慢稳定下来以后,再给予他们教育或指导。但很不幸的是,有很多家长在使用"暂时隔离"的方法时还会加上许多粗暴的言行,使孩子感到被排斥与被侮辱,这种损害孩子人格的做法并不会带来任何好处,尤其对孩子情绪智力的发展更无益处。还有一种不好的方法是用父母常用的打骂方式来制止孩子的不端行为。许多家长解释他们这样做是使孩子能够听从或服从大人的要求,避免产生不端行为。其实,打骂并不见得能够有效减少或消除孩子的不端行为,因为许多孩子会为了避免皮肉之痛而违心遵从,由于没有经过父母与孩子之间关于不端行为为何必须消除的沟通交流,等于放弃了教导孩子如何用自我控制来解决问题的机会。因此,打骂孩子对制止孩子的不端行为不仅没有一点效果,而且会产生负效应,它将使孩子认为父母因为理屈词穷而对自己动手,导致对己不公的心理而怨恨父母,比较容易产生报复心理而不是自我控制与改正不端行为,或者想象以后如何做得更加巧妙,伪装得更加逼真来躲过父母的打骂。有许多证据表明,打骂会成为一种榜样或一种示范,成为孩子想得逞的一种方法,经常挨父母打骂的孩子也会比较容易殴打同伴或比他弱小的孩子,尤其在攻击性方面与其受父母体罚的严重程度相关,待他们长大成人以后,则会倒过来殴打自己的亲生父母,更具有暴力倾向并在人际关系方面也往往以暴力为主。可见,如果父母能够允许孩子在他们自己的生活中保持自尊、自信以及某些适宜行为方式的话,家庭给予孩子的行为规范会使其以后的生活顺利、更易取得成功。而且,孩子也会明白父母所设立的行为规范与规矩是自己必须做到以及应该加以控制的。一旦孩子具有了这些想法与观念,那么,他们就不大会犯错,尤其当他们已经学会如何来调节与控制自己的负面情绪时,一般就不再需要父母严加管制与教训,并且也较能够自己去独立地解决各种问题。

第二个环节:设定目标

当父母能够以一种同情心和耐心来倾听孩子的诉求时,孩子也能对自己的情感作出描述,对自己的不适当行为作出某些限制。接下来的环节父母就要给孩子确定解决问题的目标了。当然,如果你觉得这似乎太快、太仓促了,因为自己的孩子仍然还需要时间来正确认识与表达他们自己的负面情绪的话,这一环节则可以暂缓。但如果孩子正在向你诉说、描述情绪情感时,就不要打断他。同时,你要用各种方式,如言语或肢体语言鼓励他继续谈论及描述它们,并不时地说出你的感受,提供一些假设性的想法来帮助孩子寻找产生负面情绪的原因是什么,同时帮助他来认识这种负面情绪对自己所产生的消极影响。这样,通过这些交谈与讨论,孩子一般会有所领悟自己为何会产生这些负面情绪,寻找引起这些感受的问题所在,以及知道自己应该如何去加以处理,这个过程,就是父母帮助孩子确立解决产生负面情绪问题的目标。

一旦孩子能够通过自己的思考活动达到上述阶段时,父母就要帮助他们来确定解决情绪问题的目标。可以通过询问,要求孩子回答他们感到自己眼前最大的问题是什么,想得到什么,想做些什么。一般来说,孩子的答案都是十分清楚而且简单的,比如,想有一只风筝,想做一架飞机模型或想学习画画,等等。一旦这种

(这些)目标达不到就会引起孩子的负面情绪。当这些问题(目标)确定后,那么就可以进入下一个环节。

第三个环节:思考解决问题的方案

父母在了解引起孩子负面情绪的症结后,就要与孩子一起讨论用什么方法来解决问题。要知道,父母的主意或建议是对孩子尤其是对年幼孩子的一大帮助。这些孩子,往往有要求,但苦于无对策来满足自己的需要。但在这个时候,最重要的是父母不要越俎代庖,父母要有真诚希望自己的孩子在成长过程中有所收获的愿望,鼓励孩子自己去想些办法,鼓励孩子动脑筋来解决问题,其实这是父母对孩子成长的"心理浇灌",它就像用雨露滋润着树苗的成长一样。当然这还要取决于孩子的年龄特点,一般10岁以下的孩子不善于用抽象思维来解决类似问题,这时父母应该用形象的东西来引导他们自己来作出决定。孩子毕竟年龄小,经验缺乏,因此,要求他们对头脑里超过一种以上的选择进行加工是有困难的,父母此时应该帮助他来确定某一个决定,而孩子一旦有了某个决定后就会马上去进行尝试,而不会再去考虑其他解决问题的途径,这是孩子思维与行为的独特特点。为此,父母在帮助孩子作出一个决定以前,最好与孩子一起讨论,通过对一个一个方案或途径的探讨,尝试着让孩子自己去作出选择,当孩子作出决定后,你可以表示赞同,或可以通过言语或表情告诉孩子你希望他作另外一种选择。这样,对情绪问题的解决方案基本上是由孩子自己作出的。他自己也希望把问题处理得更好。

由于孩子的思维特点是"不好即坏",好坏分明的思维模式,往往会导致他们在作出某种决定时,要么犹豫不决,要么草率决定,这时父母应该鼓励他们动脑筋,告诉孩子,头脑中没有想法是"不好"的,而有想法并从想法中通过思考作出选择是"好的"。同时也可以鼓励孩子发展一些选择技巧,即在进行思考与选择时,把过去经历与未来结果联系起来考虑,对解决问题最有利。

第四个环节:讨论并作选择

父母在孩子作出决定后,要帮助孩子自己来评估某种选择的正确性。比如,"你认为这个决定最好吗?""你按这个决定去做会有什么感受?""你认为其他人会有同样的感受吗?"等等。类似于这种评估对话,是父母价值观迁移的过程。一旦和孩子讨论了各种分歧意见后,就要鼓励孩子选择一种或几种方法并去进行尝试,当然,在此过程中,父母不要放弃价值观迁移的良机,可以提出自己的看法以及指导意见,还可以开诚布公地告诉孩子,自己在他这个年龄时是如何处理类似问题的,自己在经验中学会了什么,或自己在类似问题的选择中犯了什么错误,或自己在作出正确决定后的自豪感等,这种价值观的迁移,比单纯的讲解或用孩子日常生活中很少用到的抽象概念去说教更有效果。

有时,孩子由于没有丰富的知识与经验会作出错误的选择并去做错误的事情,这些错误的事情只要不涉及危害他人,父母就没有必要大惊小怪或兴师动众地加以制止。切记,孩子所犯的错误其实也是一种经历、一种学习,即使孩子的决定是错误的,父母仍然应该让他们尝试一下。当孩子失败后,再鼓励他去选择另一种决定或行为,并帮助他们分析失败的原因,然后与他们讨论解决的办法。当然,如果孩子选择了你认为是正确的选择,那么,你就应该帮助他来具体实施完成,并提出一套评估成功与否的办法。这样,孩子就会逐渐了解到正确选择与行为表现亦可以同时进行。当孩子做出了错误的选择与行为时,父母要帮助他分析失败的原因,然后重新讨论解决问题的办法,这样孩子就会了解,一个想法、一种意见或某种行为的取消并不表示原来所做的都是白费的,而只是自己学习过程中的一部分,而且每次这种讨论与调节都更接近最后的成功。

情绪智力辅导的操作原则与训练方法

父母是孩子茁壮成长的土壤,父母教养孩子的正确观念犹如孩子成长中的甘泉雨露。科学的教育观念是孩子成长中获得良好情感的首要前提。父母要正确辅导孩子的情绪智力,需遵循以下原则。

第一,充满爱心。正确的爱心是指把温暖、关心送给孩子。爱心不以金钱为基础。微笑、表扬、关怀等表达爱心的方式是给孩子营造良好情感环境的最佳方式。对孩子的全部教育都应建立在正确的关爱,正确地为孩子提供健康、温暖、理解、有序的情绪情感氛围中,以促进孩子的身心健康发展。

第二,智力开发与严格有序的行为要求相结合。父母应该注意对孩子进行早期启发,强化孩子在活动中闪现的智慧火花,开发孩子的指挥潜能,使其智力顺利发展。要在爱的浇灌下培养孩子的情绪智力,让孩子在父母的爱的萦绕中体验快乐与悲伤、同情心与歉疚感等各种各样的情绪感受,逐渐形成助人、乐群、责任心、意志坚强等良好的个性品质。

第三,因材施教。对孩子的教育应因材施教,既不要盲目攀比,也不要期望值过高。孩子的先天禀赋不同,他们的接受能力不同,因此教育、训练的目的、要求、方法应有所区别。同时不要对自己的孩子期望过高,否则会使孩子自尊心受挫,从而蒙上惧学、厌学的心理阴影,父母的虚荣与浮躁对孩子来说只能贻害无穷,效果会适得其反。

怎样做一个好父母?提高孩子的情绪智力水平的方法有哪些?心理学在这方面提出了一整套训练方法与技巧。

其核心有二,一是父母不应该是发号施令者,而应该是一个好听众,通过主动倾听来了解孩子的内心情绪感受;二是与孩子一起共同参与解决问题,帮助孩子在解决问题的过程中学会思考,学会提出问题和把握问题,父母在与孩子共同解决问题的过程中建立与协调孩子的感情。

不要对孩子吹毛求疵和嘲笑孩子的行为表现

许多研究表明,父母如果对孩子吹毛求疵、给予侮辱性的评价或无端地嘲弄,都会明显地损害父母与孩子之间的良好沟通,尤其对孩子自尊心的损害更大。在现实生活中,有的家长会以不同的方式来表现出上述行为。比如,用轻蔑的语调来逐字逐句地重复孩子的回答或孩子对某件事情的解释。比如,孩子说:"我不记得了。""你不记得了?"父母轻蔑地重复道。还有一些父母对孩子所犯的错误反应过度,用非常严厉的批评话语来怒斥孩子,使孩子感到十分难堪,甚至感到无地自容。有的父母还会推开孩子,自己来做本该由孩子做的事情,以表示他们认为孩子是无能的、差劲的;也有的父母因对孩子的行为发怒而取笑或讥讽孩子。一般来说,遭受到父母蔑视或嘲笑的孩子,他们在学校的学习成绩不佳,与同学之间的友好相处有较大困难,情绪压力很大,有较多的行为问题,而且体质较弱容易生病。

父母的这些负面的、有损孩子人格健康发展的抚育方式在现实生活中并不少见,但他们却声辩说,他们嘲笑孩子的错误是为了矫正孩子的行为举止；在孩子完成某项任务哪怕是十分简单的任务时，因想帮助他们而介入其中，是在帮助孩子成长。其实，这恰恰是一种错误的观念与做法，父母的这些言论与行动，会极大地削弱与损害孩子的自信心，使孩子无所适从，反而极大地阻碍了孩子的健康成长。

很明显，那些真正与孩子感情融洽并不断地进行良好沟通的父母不应该有以上那些言论与行动，尤其是那些对孩子会造成人格损害的，诸如讽刺挖苦和吹毛求疵的行为。不要过分地指责孩子，要给孩子活动的空间，让孩子自己去尝试新的想法、新的做法和新的技巧。父母要有允许孩子犯错误的宽容之心，避免在孩子的人格上"贴标签"或"做标记"，比如说孩子"懒惰""狂妄"。其实，站在孩子的立场上来分析，孩子是十分希望能从父母那里得到认同与帮助的，尤其是父母对他们的评价更是十分相信。因此，如果父母以戏谑、过分批评以及带有讽刺、侮辱性的言论对待孩子的话，就会使孩子怀疑，久而久之，就会失去孩子的信任。没有信任作为基础，父母与孩子之间就不会有亲密融洽的氛围与沟通，也就失去了父母指导、帮助孩子的意义，更没有父母与孩子共同面对挫折去解决问题的机会了。

用赞赏的眼光与赞许的口吻对待孩子

那些成功进行情绪智力辅导的家庭与前面描述的过分批评、吹毛求疵的父母有着完全不同的做法，真可谓天壤之别。首先，进行情绪智力辅导的家庭，父母会以比较缓慢的、平稳的态度给予孩子信息。然后，他们会在孩子做对一些事情之后，针对他们的行为给予特定的但并非是全面的赞扬。比如，一位父亲说："好，你按钮按对了。"这种针对特定动作完成的称赞要比对孩子进行广泛称赞的效果要更有效。在对孩子的言论与行为进行赞扬之后，父母给予一些指导，这些步骤不断循环往复，使孩子不断学习并获得良好的行为举止。

其实，以上方式可以作为父母对孩子进行情绪智力辅导的基本"框架"，父母可以通过利用孩子的每一次小的成功，来逐渐增进孩子的自信心，帮助他们提高自己解决问题的胜任能力。所有这些，都与先前所述的过分批评的父母相比效果要好得多。情绪智力辅导的父母一般较少使用批评或侮辱性的方式来教导孩子，他们更不会无故介入孩子自己的正常游戏或玩耍中。

不受制于"教育计划"

孩子的情绪智力与同情心和稳定的心态有关。为了增进父母的亲和力以及与孩子的沟通，父母会不放过任何机会给予孩子指导，这是一种挑战。为此，父母会怀着某种期望和憧憬，心中也就相应地有了一些"教育计划"，父母根据他们认为会影响孩子成长与幸福的问题采取措施，并定下奋斗目标。这种所谓的"教育计划"常常被赞誉为很有价值、很有必要。诸如，要培养孩子坚强的勇气，要勤俭节约，要仁慈友爱，要遵守纪律和有规矩。其实，孩子们有不同的气质特点，有不同的心理需求，也有各自鲜明的个性特征。父母可能会担心自己的孩子心理品质中有过于独断的特质、太过胆小的一面，也可能会有懒惰、缺乏自律以及缺少自信等不良品质。所有这些，父母都希望通过他们的"教育计划"给予改正，从而无意中忽视了孩子所具有的个性以及心理品质上的独特性，往往使父母仅仅注意到孩子的行为问题，并试图按照自己的意愿或者"教育计划"来矫正孩子的言论与行为发展的方向。当孩子的言行与父母心中的"教育计划"冲突时，父母会十分警觉地意识到这是自己的责任，是自己在道德上的义务，必须要给予孩子以忠告或给予行为上的矫正，否则就不会达到"教育计划"所确立的目标。

诚然，父母的有"教育计划"要比没有计划、"脚踩香蕉皮滑到哪里算哪里"要好。至少，它可以让孩子来分享父母的价值观，来确定自己该做什么和不该做什么，这是对孩子教育的重要一环。但问题是要避免出现两种倾向，一种是父母指定了"教育计划"并不去实施，而是把它们束之高阁，似乎有了"教育计划"对孩子的教育就会自然而然实行了。另一种倾向是严格地按照既定的"教育计划"实施，不可以有任何欠缺与变通，既不应该遗漏，也不允许增添。以上两种倾向都是不可取的。父母应牢牢记住，制订"教育计划"只是为了促进孩子健康成长的一种方式，要根据孩子成长的不同阶段与表现做出必要的调整，其中最关键的是要和孩子多沟通。父母要有警觉心，要敏锐地察觉孩子的情绪与要求的变化，适时做出辅导与调整。否则，"教育计划"就会成为阻碍父母与孩子之间建立良好关系的绊脚石。

没有父母愿意自己的孩子总是摇摆不定、犹豫不决，也没有父母会希望孩子长大以后有懒惰、侵略、懦弱、愚昧、虚假、退缩等不良性格特征。怎样才能避免父母给孩子贴上这些负面"标志"呢？正确的做法是父母要避免经常对孩子的气质特点持续地做否定性批评。在纠正孩子的不良行为举止时，可以就事论事而不要涉及他的人格特点。比如把"你是一个差劲的孩子"换成"把时间控制在30分钟内读完这篇文章，以后你就会读得更快了"，或者把"你是一个胆小鬼"换成"你把声音放大一点就不会感到害怕了"。这样做就为孩子的成长提供了很好的发展基础。

在头脑中创设孩子的生活图景

孩子并不善于表达自己的感受与情绪。父母看到自己的孩子某天似乎烦躁不安,孩子却无法告诉你他的感受以及是什么造成的。遇到这种情况,最有效的办法是,了解孩子的情绪来源并帮助他去描述。父母要告诉孩子,他周围的人与环境很重要的,这会让孩子感到你和他很亲近。做法是父母把孩子的生活过程有意识地放在脑海里,就像一幅地图一样。这种"地图"可以大概描述为:在孩子的心理世界里,有他们所接触到的父母与朋友,知道他们的名字、面孔以及个性特征;有他的同伴、和蔼可亲的老师、这个人很有趣、这位老师太凶让自己感到害怕与胆怯,等等。在孩子的头脑里,有学校的平面图,有感兴趣的学科,当然也有让他们感到非常头痛的课程。

父母在头脑中创设一幅孩子的情感世界的地图是需要付出努力的。他们必须留心观察,花时间来了解孩子在托儿所、幼儿园或者学校以及放学后玩耍的情形。他们需要与孩子交谈,认识孩子的朋友以及老师。跟父母头脑中已有的场景"地图"一样,孩子感情世界的"地图"也需要不断地给予更新。有孩子活动"地图"的父母,会发现它在对孩子情绪智力辅导中所起的作用很重要。

避免"偏向"的倾向

当孩子被他人欺负后,往往希望能从父母那里得到怜悯、慰藉与支持,只要父母不带有"偏向"孩子的倾向,这个时候就是对孩子进行情绪智力辅导的良好机会。其实,孩子述说的所谓"被欺负",对父母来说倒是一种挑战,因为当孩子说欺负他的人或与他发生冲突的人是他的老师、教练或"孩子头",甚至是他的好同伴的时候,父母就会很自然地偏向他们而不是自己的孩子。比如,体重超标的孩子不安地回到家时对父母说,体育老师骂他懒惰,这时父母就会联想到自己孩子好睡懒觉的习惯,可能会告诉孩子体育老师是对的。这时,孩子就会感到他周围所有的人都在和他作对,包括自己的父母。但是,如果父母对孩子有同情心的话,对孩子说"我对你今天发生的事情感到难受,我想你一定会觉得困扰并感到伤心",这样就会拉近父母与孩子之间的心理上的关系。如果父母能够维持对孩子这种同情心与态度的话,一段时间以后,孩子就会心悦诚服地接受父母的某些提议了。

总之,在他人与孩子发生冲突的时候,父母应该以真诚与坦率的态度来鼓励孩子表达出自己的感受,不管是愉快的或是愤怒的情绪,通过这种沟通以达到相互了解。当父母与孩子由于缺乏沟通与理解时,可能会产生许多困惑与苦恼,有时孩子会顶撞、反驳或冷漠对待父母。而父母由于不知如何是好,结果出现两种情况,要么认为这种事情的发生没什么要紧,抱无所谓的态度;要么就把此事视为洪水猛兽,必须兵来将挡,水来土掩,一顿打骂。以上两种方式都是不妥的。如何做才好?父母可以利用自己的同情心,方法之一是把孩子所处的境地当作自己面对的情境来考虑,即所谓的"换位思考",想象一下如果父母正处于孩子现在的处境会怎么做呢?即父母透过孩子的视野来看待周围的世界,父母就会发现,他们的冷漠或强权的做法是欠妥当的。

与孩子分享

孩子头脑里总会不断地冒出许多想法与意愿,随时通过言语或行为表现出来,这是父母与孩子交流沟通的最佳机会,也是父母引导孩子思维活动达到一个新水平、高层次的机会,同时也是父母同情心最易产生与发展的机会。当孩子表述出那些超越现实的幻想和意愿时,父母要十分珍惜这些幻想的火花。比如,孩子告诉你他想象自己乘坐飞船往来宇宙,你决不要对这种想法感到愤怒,用语言搪塞他说:"你胡说八道什么?"如果你能利用他的想象来引导他的意愿并让他陶醉在他的幻想中,想象一路风驰电掣的感受、宏伟浩瀚的宇宙空间等,然后你与他一起探究飞船的优点或不足,目前能够做到的和还不能做到的地方,这样就能够适时促进孩子的思维活动。

要成为高情绪智力孩子的辅导教练,父母必须要给孩子一些时间去表达感情,千万不要变得不耐烦、易动怒。如果孩子碰到伤心事,就让他哭;如果他感到愤怒,就让他跳,此时父母必须要有耐心。要记住,情绪智力辅导的目的是探究和了解孩子的情绪,而不是压抑它们。忽视孩子消极的一面,不理会它、期望它会自行解决是父母在短期内的希望,也是比较轻松的做法。父母经常会产生一种错误的观念,即认为时间是治愈心灵创伤的药物。父母所抱有的这种态度,在短期内一般不会有麻烦,但一段时间以后,就会出现较多的困扰。而当孩子的问题被父母忽视时,孩子在情绪上就会与父母疏远,此时要去解决孩子的问题就会更不容易。可以这么说,父母对孩子的教养来自对孩子情感的关注。在同一时间内要接受、肯定孩子的情绪,如果期望孩子自己能留下愉快积极的情绪,抛弃不愉快的负面情绪,这是不可能的。父母能够接纳和确认孩子的情绪是最重要的,这主要源自父母所具有的同情心。当父母有对孩子情绪感受的同情心时,就会以自身的感受来体验和分享、分担孩子的情绪,就像一首感人肺腑的音乐能够激发起父母的情感,并在自己的心中产生共鸣。这种感受有时并不需要父母通过语言来沟通,而只要静静地与孩子坐在一块,捕捉孩子的点滴感情表现,就可以替代千言万语。这样,既能够向孩子表示父母是认真地对待其感受的,也是关注和思考其身上发生的事情的。通过这种方式,一方面父母努力地面对孩子的情绪情感,另一方面以孩子能够理解的、具有意义的方式与孩子沟通联系着,这就会形成一个重要的、持久的亲子结合。等将来回忆起这段时期的时候,父母会感到与孩子的关系犹如无价的珍宝。

建立规矩

父母给孩子的行为举止要建立一些规矩以符合社会道德规范,尤其要对孩子的有些"恶行"设置规范,这对所有的孩子都是必需的。不同类型的父母采用的方式方法不同。对专制型的父母来说,最基本的方法就是殴打、责骂、威胁、侮辱等;对放任型或疏忽型的父母来说,没有任何方法来控制孩子的行为;对辅导型的父母来说,最基本的方法就是与孩子在感情上的相合。自然,辅导型的父母所采用的方法是我们所提倡的。

父母和孩子之间在感情上要建立联系的话,设置规范就是对孩子行为的反应。当孩子愤怒、失望、忧郁或冲动时,父母与孩子之间互相尊重和关怀就成为设置规范的基础与前提,在纠正与规范孩子的某些行为时,避免出现损伤孩子的人格的评价以及带有侮辱性的语言是十分重要的,它对孩子的成长与发展具有决定性的影响。有许多研究发现,总是被父母责骂或殴打以及给予不佳评价的孩子,其报复父母的行为要远远高于与父母建立良好感情关系的孩子。

假如父母过去曾经有过对孩子侮辱或打骂的话,或许会理直气壮地认为这是做父母的权力,打骂是为了孩子形成良好习惯,当然有时这种方法确实会对孩子的某些不良行为改正产生一定效果,但它却要求孩子花费相当多的心理资源与努力。同时也要看到,孩子又会经常重归老路,重蹈覆辙,父母还得不断挥动拳头或口吐唾沫,稍有不慎往往会给孩子的心里留下深深的"伤痕"。如果父母采取情绪智力的辅导方式,与孩子建立互动,以信任而不是以威胁为基础的话,孩子的身心一定会健康地成长与发展。

要做到以上这些,必须牢记以下两个基本原则,它对父母教育孩子会有所帮助。

第一个原则:孩子表现出来的感受是许可的,但并不是孩子表现出来的所有行为都被允许。

第二个原则:父母与孩子之间的关系,无论是专制型、疏忽型、放任型抑或是情绪辅导型,都是由父母本身的教育理念、言论与行为决定的,而不是由孩子的行为表现造就的。

可以这么说,父母对孩子的认识与了解越多,就越会产生出一种确信——人类本身所具有的主观能动性潜藏于每个个体之中。孩子其实天生就具有这样的天性,寻求安全、关爱、支持、了解、体验,他们和父母的要求并没有本质上的不同,父母要想把孩子培育成怎样的人,在其言论、动作、言语以及行为中均表现无遗。要知道,孩子就是在这样的潜移默化的氛围中长大而成为你所希望的人的。由此可见父母对孩子进行情绪智力辅导所具有的重要性与深刻意义了。

实例分析

下面举一些生活中的实例来说明情绪智力辅导的方法。这些方法看似简单,其实可以了解父母在对孩子情绪智力辅导方面的认知能力以及基本技巧。在这些例子中,先提供一个父母在辅导孩子情绪时的"不正确方法",说明孩子由于这种"错误"的做法而导致的情绪感受,然后提供在认知孩子情绪情感的感受以后的一个"正确"的方法以及孩子的内心感受,通过不同方法与孩子感受的比较,以启示父母在处理孩子情绪智力方面做出最适当的反应。

例1 孩子有一天回家对父母说:"从明天开始我再也不去学校上课了。因为老师当着全班同学的面大声地骂我,其实事情并不是我做的。"

父母的错误反应:"肯定是你做错了什么事情才惹得老师生气责骂你。"

孩子的内心感受:困惑、窘迫。

父母的正确反应:"哦,发生这种事你一定感到难过、莫名其妙,你心里怎么想?"然后,与孩子共同讨论并寻找解决该问题的方法。

例2 孩子在人多拥挤的百货公司走失了,父母焦急万分。过了一段时间,售货员发现了一位惊魂不定、眼泪汪汪的小孩并帮助他找到了他的父母。

父母的错误反应:"你真是把我们急疯了,你怎么这么笨啊,叫你站在这儿不动却自己乱跑,以后再不带你出来了。"

孩子的内心感受:恐惧、害怕。

父母的正确反应:"你离开爸爸妈妈一定吓坏了吧,来,抱抱。"然后再慢慢地询问刚刚发生的事情,并启发他以后碰到类似事情时该怎么办。

例3 父母辛辛苦苦地买菜做饭,到吃晚饭时,孩子说:"哎呀,我不喜欢吃这菜,我不吃饭了。"扔下筷子就离桌了。

父母的错误反应:"你喜欢吃的要吃,不喜欢吃的也要吃。"

孩子的内心感受:厌恶、反感。

父母的正确反应:"今天做的菜肴好像不对你的胃口,你可以尝尝,如果实在讨厌可以不吃,你可以说说你想吃什么。"

例4 孩子从外面玩耍回来说:"我恨他们不跟我玩,他们总是说我胆小。"

父母的错误反应:"你就是一个胆小鬼嘛,小朋友们说得不错,假使你不是那么胆小,他们会愿意跟你一起玩的。"

孩子的内心感受:忧伤、受伤害。

父母的正确反应:"小朋友们不和你玩,那一定让你伤心了。没关系,告诉我到底是怎么回事,发生了什么?"

例5 孩子的小朋友来家里玩,你的孩子说:"我不想和你一起玩,也不准你动我的玩具,一件也不许动。"

父母的错误反应:"你可真是一个自私小气的孩子,玩具就是给你们玩的,你应该学习和他人分享玩具。"

孩子的内心感受:愤怒、不满。

父母的正确反应:"如果你认为把最心爱的玩具与其他小朋友分享很困难,就把它们收起来,另外去拿一些你愿意和其他小朋友一起玩的玩具。"

几点提醒

怎样才能做到对孩子的言行有正确的反应呢?书中已提供了许多建议。这里再作一次简要的总结。父母在日常生活中若能经常注意运用以下方法,对孩子的情绪智力提高以及将来的茁壮成长将有一生裨益。

多跟孩子说话。建立良好的亲子关系需要父母积极、主动和准确地向孩子表达意见与感受,借此来达到亲子之间的良好沟通。心理学研究表明,父母主动、耐心地表达和倾听能给孩子带来温暖与安全感,使孩子能有机会充分展示自己,学习与他人交流的技巧,从而提高孩子适应环境的能力。

了解孩子的感受与意向。父母要耐心、真诚地倾听、了解孩子的感受与需要,消除孩子的心理困惑。对还不能用言语详细述说与表达自己感情与意向的孩子,父母要通过关注孩子的姿态或声音来领会孩子所表达的要求。这样,孩子才愿意说出自己心中的真实感受与想法,同时,可以消除孩子许多烦恼。

分享孩子的感受。父母要让孩子体验、理解、分享他人的感受并学会表达,避免负面情绪的持续影响。这样孩子有什么不良体验或负面情绪,会通过分享而使心理困扰减轻,避免孤独无助的感受的持续作用而使孩子丧失活动的积极性。

与孩子一起做事。父母有意识地与孩子一起做一些力所能及的活动,使孩子对学习操作技能产生兴趣。由于孩子处于动作思维发展时期,通过动作活动来内化经验,认识事物,掌握事物的特性和变化的规律。在父母、成人的指导下,通过活动来增进孩子的社会性交往能力和共同协商解决问题的能力。

及时鼓励、表扬或惩罚。鼓励、表扬对孩子来说是他们成长的营养剂,惩罚则是树木成材的除虫剂。鼓励、表扬与惩罚的运用须有理有节,才能达到预期的教育效果。父母首先要相信孩子的能力与智慧,相信他们能战胜所面对的困难。父母要及时发现孩子的优点,不要强调责任,要给孩子以信任。鼓励是孩子成长的推动力,表扬则会比惩罚让孩子学到更多的东西,从而能增进孩子的自信,提高他们的自尊水平,给孩子有更大的勇气去面对新的环境和承担更重的任务。惩罚是一种负强化,是从行为效果的相反意义上接受教训,因此在给予孩子惩罚时,惩罚的时间与孩子行为造成后果所发生的时间越接近越好。如果孩子在做不好的事情之前就给予训诫或警告,比做了以后再被惩罚的效果要好得多。

鼓励独立、培养自信心。父母要注意维持孩子良好的自信心。自信心影响着每个人做事的成败以及克服困难的精神。因此,从某种意义上说,自信既是智力发展的重要基础,也是良好个性品质特征之一。自信心在孩子很小的时候就开始萌发,他们会用各种方式吸引父母的注意,在获得成人的赞扬并不断克服困难的过程中自信心得到飞速发展。当孩子由于某种原因失败时,不要过于责备,不要讥讽挖苦,父母要给予他们与成功时一样的关心与鼓励,这样就会使孩子在吸取经验教训后建立自信。

培养自信、勤劳、勇于进取、乐观向上、品质优良、个性坚强的孩子是父母教育的艰巨任务,但由此带给父母人生最大的快乐与回报是拥有一个高情绪智力水平和优秀个人品质的孩子。

5 情绪智力训练 DIY

不同年龄孩子的认知发展水平不同,父母应以最适合该年龄的学习模式,来对孩子进行提高情绪智力的训练。一般来说,3—6岁的孩子,主要是利用大小肌肉的操作、想象力、知觉能力(即视觉、听觉、触觉等感观的整合)、人际互动等活动来进行学习。在这一年龄阶段,比较好的学习方式是绘画,可以通过绘画活动来进行情绪智力的训练。而在学龄期,应着重在同学之间的人际互动、角色扮演、自我观念、对问题的看法与初步处理等方面进行情绪智力训练。

情绪智力训练主要包括四个方面的内容:

自我概念的确立、情绪情感的感受、心智与行为适应、社交技巧与人际关系的建立。这里提供相关的可操作方法,希望通过它,帮助父母有效地教导、培养孩子的情绪智力,通过训练,让你的孩子拥有健康的身心、聪慧的头脑和朝气蓬勃的人生。

确立自我概念

现实生活中,每个人都要接受两种教育,一种是外在教育,即从学校、家庭、社会也就是从其他人身上得到的教育;另外一种是内在教育,即自己给自己教育,这是更重要也更具价值的自我教育。

确立自我概念就是要帮助孩子发掘自身的特点、优点及不足,了解和发挥自己的兴趣和特长;帮助孩子施展自己的天赋、才能和开发自己的潜在能力;同时学会了解他人的优点;接纳他人和改进自己还不太完善的地方。通过训练,帮助孩子学会忍耐和接受与自己不尽相同的地方,建立起积极明确的自我概念,既能够自己确立目标而不轻易受他人左右,也能够恰当地评价他人并自我负责。

1. 我画我自己

◇ 训练目标

既知道自己有与他人相同之处,也能认识到自己还有与他人不同的独特特征。也就是社会心理学中所说的"镜中我"。

◇ 训练程序

① 问孩子一些问题:爸爸今天穿什么颜色衣服? 妈妈是否是长头发? 你自己是单眼皮还是双眼皮? 爸爸或妈妈穿什么样的鞋子? 等等。

② 在提问过程中,提醒孩子想一想,是不是所有的爸爸或妈妈都穿一样的衣服? 自己穿的衣服鞋子或者眼皮和别人相同还是不相同? 在哪些地方相同或不相同?

③ 让孩子在纸上画出他自己的样子。此时,父母可以作些必要的提示。

◇ **心理分析**

由于孩子常常会以服饰、外表或化妆等外部现象来评估别人或父母,并通过评估来断定自己应该归属于哪一个部分。例如,当她穿上皮鞋时,可能会把自己归为"坏人";而当她穿上裙子时,会把自己划归为"好人"。这个训练是要让孩子知道,每个人的外貌和穿着打扮是各式各样的,与人品的好坏无关。

◇ **让孩子思考的问题**

① 想一想,自己和别人在哪些地方有所不同?这些不同是否说明或代表自己比别人好?为什么?

② 想一想,自己和别人不相同的地方,是不是意味着自己要比别人差?为什么?

③ 想一想,怎样面对自己和别人不相同的地方?爸爸妈妈,还有其他人和自己是否也存在着不同?想一想,自己在哪些地方和其他人一样?自己又在哪些方面具有独特性而与他们不一样?

我画我自己

　　请在下面的图形框里按自己的样子画出你的眼睛、鼻子、嘴巴、耳朵以及你穿的衣服。

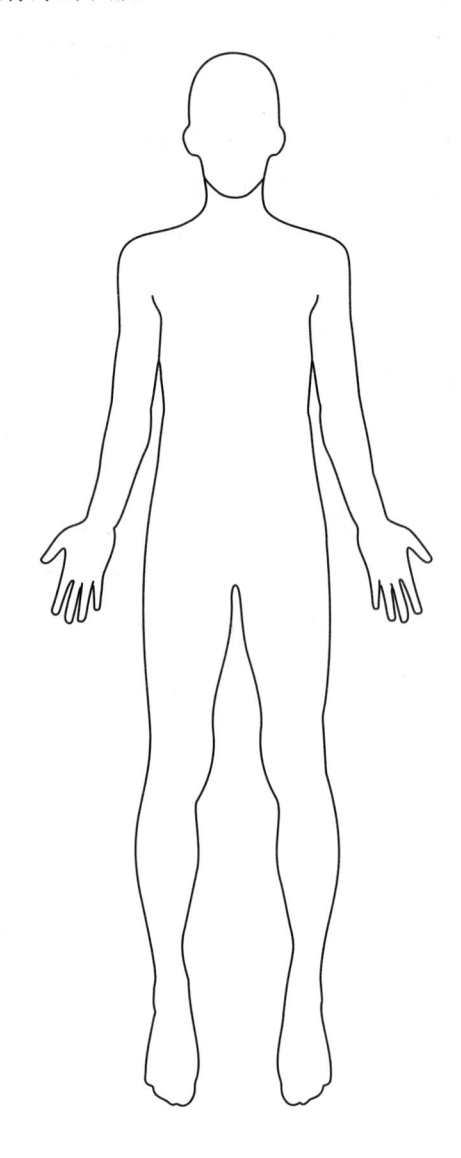

2. 我给别人画像

◇ **训练目标**

通过绘画活动,培养孩子观察他人的敏锐性和正确性。了解自己与他人的不同处,认识到人与人之间既有共性,也有独特性。

◇ **训练程序**

① 要求孩子选一个人,比如同班的小朋友,为观察的对象,并把观察的结果画下来。

② 待孩子画完后,向父母或老师介绍他的画像,这时要他不要说出他画的人是谁。

③ 让爸爸妈妈、老师或同班小朋友猜猜他观察并画出来的人是谁。

◇ **心理分析**

孩子既要学会自我了解,形成正确的自我概念,还要学会探索与他人的不同之处,即具有对他人的了解和敏锐的观察力。父母应训练孩子在自我了解之后,如何把自己的注意力转移到对他人的观察,以培养孩子的观察能力。

◇ **让孩子思考的问题**

想一想,你与其他人最不一样的地方在哪里?

我给别人画像

画出你所观察的一个人,比如爸爸、妈妈、老师或同学的外貌和穿戴。如果能画出这个人的独特特征则更好。

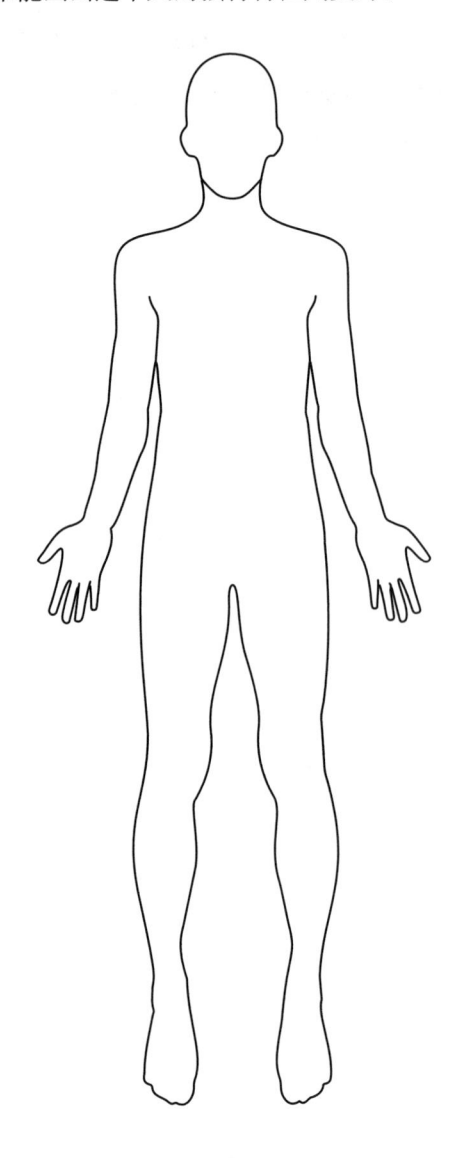

3. 我喜欢我自己

◇ **训练目标**

让孩子认识到,当别人对自己说不中听的话,或者给自己提意见时,并不表示对你不满或认为你是一个很差劲的孩子。

◇ **训练程序**

① 要孩子重新说出认为别人对自己所说的不中听的话,或者对自己的意见。

② 父母在耐心听完全部内容后提出一些问题,比如,是在什么情况下说的?是否只对你一个人有意见?为什么?

③ 与孩子一起讨论孩子所提出的问题,此时父母应耐心地听与说。父母还可以再深入讨论,比如:

- 当别人说你不漂亮时,你是否会感到难过?你会说其他类似的话吗?
- 在听到不如意的取笑时,你会感到难过。但你是否想过,你在说别人时也会让他人难受吗?
- 别人说你漂亮或难看时,你是不是想过,是真的难看?真的漂亮?还是自己与众不同,具有独特特征呢?

◇ **心理分析**

在这个年龄阶段的孩子,往往以"自我中心"为主要特征,当被他人批评或别人与自己有不同意见时,常常会发脾气而难以控制。通过训练,要让孩子明白,每个人都有"自我",每个人都有其独特的特征,每个人都要学会在接纳自我的同时,不要太在意别人的看法,要把自己与众不同的地方升华为自己的优点。

◇ **让孩子思考的问题**

① 你对自己感到满意还是不满意?如果认为自己不满意时,

是否有难过的感受？你是怎么处理的？

② 其他人对你的外表的评价,会不会影响你对自己的原有看法呢？

③ 你认为别人的看法、意见和评价是否都是正确的？

4. 我了解别人

◇ **训练目标**

帮助孩子认识他人。通过对别人的外貌和肢体语言的了解,可以提高孩子的观察力,提升在日常生活和课堂教学活动中更深层次地了解他人的能力。

◇ **训练程序**

① 让孩子分别说出或画出四个人的特长分别是什么。

② 然后,让孩子介绍他所指的人是谁?具有哪些特长。

③ 在这个过程中,让孩子考虑自己有哪些特长?与别人的特长存在着哪些差别?

◇ **心理分析**

这个训练能让孩子逐步养成仔细观察别人的能力,并思考自己和别人的差异所在。同时提高孩子观察他人的正确性和敏锐度,为人际交往打下基础,让孩子意识到今后要与和自己不相同的人打交道。

◇ **让孩子思考的问题**

① 让孩子考虑,自己是从哪些方面了解别人的特长的?

② 让孩子说出,别人的特长是什么?所阐述的内容是否正确?

③ 让孩子思考,自己今后要如何加强哪方面能力和增加哪些特长?

了解别人的特长

在下面四个框中写出或画出,你认为某个人,如爸爸、妈妈、爷爷、奶奶或同学、邻居小朋友最擅长的事是什么?

1	2
3	4

5. 喜好的异同

◇ **训练目标**

通过训练让孩子了解每个人的喜好既有相同之处,也存在着差异,以包容的心态来认识别人的喜好。

◇ **训练程序**

① 父母先总结前面的训练内容,告诉孩子,每个人不仅在天赋上、外貌上、穿着上和特长上不同,就是在喜好上每个人也是不相同的。

② 让孩子找出自己的喜好和与别人共同的喜好。比如:

- 喜欢动物、玩具、蛋糕、游戏、画画、弹琴、跳舞等;
- 不喜欢写字、洗澡、蔬菜、做操、运动等。

③ 帮助孩子确定自己与其他人共同的喜好,如玩具、事物和喜欢做的小事等,同时找出自己和他人不同的喜好。

◇ **心理分析**

让孩子了解到,每个人都有相同之处,同时也存在着许多不同之处。当自己的喜好与别人的喜好相同时,彼此的相处可能是愉快的。而当自己与他人的喜好不同时,可以学到一些以往不知道的事物与经验,以此扩大自己的眼界与活动领域。

◇ **让孩子思考的问题**

① 请孩子想一想,自己对最亲近的人或最要好的朋友是否有了更深一层的了解?

② 让孩子思考后说一说,自己和朋友之间的不同喜好有哪些?并且举例说明。

③ 让孩子考虑,当好朋友的喜好与自己不同时,是否会影响彼此之间的情绪与友谊?为什么?

喜好的异与同

让孩子确定一个人,如爸爸、妈妈、爷爷、奶奶或朋友,然后画出或说出自己与他/她的共同喜好(例如,喜欢的玩具、食物、事物等),同时在右框内画出或说出自己与他人不相同的喜好。

我们都喜欢……	只有我喜欢……

6. 我了解我自己

◇ **训练目标**

认识到在社会的不同领域,人与人之间既有相同之处,同时也存在着差异,而这种差异的明显表现是每个人都具有独特的能力、性格与特长。通过训练,了解自己的能力、性格与特长,对自己有一个比较正确、清晰的认识。

◇ **训练程序**

① 从旧杂志、旧画报上剪下 8—10 张不同表情、不同动作的不同人物图片。

② 让孩子根据"行为""表情""特征""活动"把图片进行区分,并说出这些人的相同或相异之处。

③ 在对图片进行区分后,尝试地说出他们之间的能力、性格与特长的相同或相异。

④ 把自己的"行为""表情""特征""活动"与已区分的图片人物比较,尝试把自己的能力、性格和特长与他们比较。

◇ **心理分析**

孩子一般会专注于人们的外貌的雷同或不同处,比如高矮、胖瘦、男女、年轻与年老,军人、商人、教师、营业员等不同职业之间的不同。其实,人与人之间除了外貌、年龄、职业等不同外,还存在着许多相同特征或不同能力,通过训练,在提高孩子对外部表面现象的观察力的同时,认识到还存在着许多相似或相异的品质。通过训练,孩子在比较了自己与他人的外表相似与不同外,还了解了人与人之间在内部特质上存在着相似与不同,从而认识到,每个人都是一个独特的个体,仅通过一两个内在或外在特点是无法全面认识一个人的。

◇ **让孩子思考的问题**

① 想一想,自己与别人有哪些相似或不同的地方。

② 你认为,与别人相似或不同,是否表示你比别人差?或比别人好?为什么呢?

③ 考虑一下,怎样才能比较确切地描述你自己?是根据一个框呢?还是两个或者三个框?

④ 你是否思考过,当你长大以后,要具备哪种特征、能力或性格?你认为现在的能力和性格与你将来要具备的能力和性格还存在哪些差距?有哪些特征是你要保持的?有哪些还需要进一步改进?

我了解我自己

请把你喜欢做的事、能力和性格以及还不满意的特征画在或写在下面框内。

我喜欢做的事情	我不喜欢做的事情

我的优点	我还不满意的地方
性格 能力 情绪	性格 能力 情绪

体验情绪情感

这一部分训练内容主要是培养孩子对自己内在情绪情感的感受以及情绪变化的敏感程度,了解情绪产生的原因以及由情绪引起的主观体验。培养孩子在面临困难或不如意情境产生心理活动时,怎样调节与控制自己的情绪;怎样宣泄压力;怎样学会理解他人的情绪变化;怎样面对或适当处理他人的情绪反应。

这一部分训练的目标是让孩子了解,情绪的产生与变化是人的现实生活中的一部分。在每一个人的生活里面,都存在着多种多样的情绪体验或情绪变化。有时,一个人的情绪起伏落差巨大,会使他人甚至自己都难以理解与预料。通过训练,要让孩子知道,情绪本身并没有对与错,而是我们由情绪变化所产生出的行为和表达方式,才存在着正确与错误的区别。一个人的情绪感受是人之常情,但如何通过适宜的方式表现或表达出来,则需要借由较长时间的学习、训练与培育,才有可能调节、控制和克制自己一时的情绪性冲动,才有可能避免不可挽回的错误。

1. 愉快与忧伤

◇ 训练目标

通过讲故事的形式,让孩子体验到愉快或忧伤的情绪感受;进一步熟悉愉快与忧伤两种极端不一致的情绪。

◇ 训练程序

① 用彩笔画一个笑脸代表愉快,在另一张纸上画一个哭脸代表忧伤(如图例所示),然后各自剪下来,粘在一根小棒上。

② 父母或老师讲一个孩子比较熟悉的童话故事,比如《卖火柴

的小女孩》《白雪公主》等。在讲到一个段落时,要孩子利用手中的笑脸和哭脸来表示故事里的人物的心情。问孩子,故事里的主人公为什么有愉快的情绪？是什么让他笑了？那么,什么时候又产生了不愉快的情绪呢？他为什么会哭呢？

③ 当故事讲完后,父母或老师利用孩子日常生活中发生的事情,让孩子用笑脸哭脸来表示自己的情绪感受。

◇ **心理分析**

① 通过训练,让孩子能够体验到自己情绪感受的真正来源,初步了解他人的主观感受。

② 在体验自己情绪体验的同时,指导孩子分辨自己的情绪是愉快还是忧伤。当忧伤产生时,用什么办法去面对与调控它。

③ 在了解自己的情绪感受并提升自己情绪变化的敏感度后,帮助孩子体验与理解别人的情绪体验与感受。

④ 通过这个训练,提高孩子对自己情绪体验与感受的觉察力,同时提升自己排解由忧伤等负面情绪引起的不愉快体验的能力。

◇ **让孩子思考的问题**

① 你对爸爸、妈妈或老师讲的童话故事感到愉快还是忧伤？你为什么会感到高兴？为什么会感到悲伤呢？

② 童话故事里或在日常生活中,有什么事情会使你快乐? 又有哪些事情使你感到不愉快? 能举出一些例子来说明吗?

③ 当你伤心难过的时候该怎么办呢? 你有什么办法可以使自己高兴快乐起来? 你在自己不愉快而又无法解决的时候,你想寻求帮助的第一个人是谁? 为什么?

2. 多彩的心情

◇ **训练目标**

帮助孩子了解他人的情绪感受,用彩笔表达出自己的情绪体验。

◇ **训练程序**

① 先向孩子说明,我们一般把自己的情绪感受用"心情"来表示,比如"我高兴得心要跳出来了""我难过得心都要碎了"或"现在我的心堵得慌",等等。

② 让孩子想象当自己有某种感受时,如愤怒、忧伤、高兴、害怕、妒忌、失望和紧张等,这时候,自己的心情可能会是什么颜色呢?

③ 要求孩子把他的心情以及自己认为相应的颜色涂在下面的心形框内。

◇ **心理分析**

① 孩子或许对这些情绪还无法作出明确的判断,在这个训练中,帮助孩子了解哪些是正面情绪,哪些是负面情绪。

② 让孩子知道,每个人都有不同的情绪感受,而且每个人对每种颜色的感受也是不一样的,或者说,每个人的心情是不一样的。

③ 由于每个人的情绪感受不同,因此要告诉孩子必须尊重别人的感受,同时,也要尊重他们对颜色的独特感受。

④ 如果孩子没有画出某种情绪的颜色,要询问他是否从来就没有经历过这种情绪感受。

◇ **让孩子思考的问题**

① 让孩子说出,他画出的"心情"的颜色,是代表什么样的情绪感受,而这种感受是怎样产生的?

② 问孩子,为什么会把这个颜色与自己的情绪体验和感受联系在一起?一般又会在哪种情形下会引发这种感受。

③ 比较一下,爸爸、妈妈或同学所涂的"心情"的颜色,看看它们与自己涂的是否一样?或有什么区别?试着去描述各自的情绪感受。

多彩的心情

3. 体验自己的情绪

◇ 训练目标

让孩子了解自己的心情和情绪变化的关系,尤其是经常体验的快乐、愤怒、失望、高兴、害怕、忧伤等情绪感受。

◇ 训练程序

① 先让孩子说出有哪些情绪体验,如开心、害怕、紧张、快乐等,并在纸上或黑板上写出来,如果孩子还不会写,由父母或老师帮助。

② 然后,让孩子根据纸上或黑板上的情绪感受顺序,询问当有了某种情绪时,他会有怎样的表现?让孩子表演一下。

③ 要求孩子利用自由想象方法,把引发这种情绪感受和不同表情的事情或状况说出或画出来。

◇ 心理分析

① 由于孩子一般还没有具备完善的认知和表达心情的能力,因此,通过这部分训练,借助画图和对图画内容的说明,更清楚地感受自己的情绪变化。

② 通过训练,增加孩子对别人情绪感受的敏感性,并学习用适当的表情来表达自己的内心体验。

③ 告诉孩子,每个人的表情有相同或相异处,通过这个训练,使孩子的情绪得到纾解,并且能够逐步增进孩子对表情的认知能力。

◇ 让孩子思考的问题

① 让孩子说一说,他所画的是想表达一种什么样的情绪感受,在什么情况下引发的这种情绪体验?

② 让孩子说一说,自己是否能够根据别人的表情来判断一个人的内在的真实感受,为什么能或为什么不能?

③ 哪种表达是孩子最喜欢的?哪种情绪是孩子最不喜欢去感受的?

体验自己的情绪

请你选择你体验过的情绪体验,如高兴、生气、快乐、悲伤或嫉妒……然后根据下面的图示画出自己的感受。

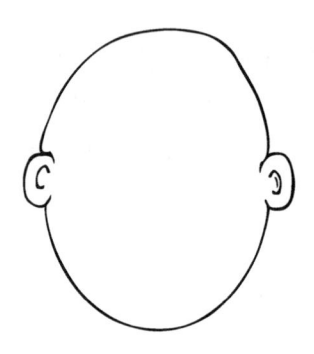

我的情绪感受是_____,当我觉得自己_____时,看起来的表情就像这样……

根据自己的情绪体验,选择一种彩色笔来涂绘下面的"心"情,以此来表达自己的情绪感受:

4. 用表情表达情绪

◇ **训练目标**

要让孩子在认知自己的情绪时能够把内在感受明确地表达出来，除了可以由肢体语言表现，还可以通过外部表情来表现。同时也要学会如何来识别其他人的表情以及内心感受。

◇ **训练程序**

① 先让孩子或帮助孩子说出一些他们熟悉的描绘情绪感受的句子，例如，"今天我去了动物园，玩得很高兴。""昨天我感冒了，感到身体很难受。"等等。

② 让孩子在下面的"表情脸谱图"上画出四个表现不同情绪感受的脸谱，并要孩子说出，自己所画的脸谱各代表了哪种情绪。

③ 如果孩子说不清楚或描述不出时，让他来猜猜大致是什么情绪感受。

④ 一般来说，孩子有时很难能清楚地说出脸部表情的不同，比如害怕与恐惧；高兴与快乐；生气与忧伤等。这时，可以告诉孩子，有时是能够通过一个人的表情来了解他的情绪变化的；同时也要告诉孩子，有时有些情绪感受确实是很难从脸部表情中看出来的。

◇ **心理分析**

① 让孩子知道，有时候是很容易从别人的脸部表情来了解到别人的情绪体验的。但是，有时候也可能会由于表情而误解别人的情绪感受。

② 通过训练让孩子学会正确地表达自己的情绪，以便让别人能够正确地了解自己的情绪体验。同时，也要让孩子知道，由于每个人的情绪体验不一样，表达情绪的方式也不同，因此，要学会尊重别人的情绪体验。

◇ **让孩子思考的问题**

① 为什么有时候很难画出自己想表达的情绪感受?

② 让孩子仔细地想一想,可以用什么办法来让别人知道自己的情绪感受? 同时,自己也能够准确地了解别人的情绪感受?

③ 当你和另一个人(比如小伙伴、同学)正在做同一件事情的时候,两个人的情绪体验会不会一样? 如果不一样,自己该怎么办呢? 如果孩子说不出理由,父母或老师应给予耐心的指导。

表情的脸谱

下面有六个脸谱,可以用来表达六种不同的情绪感受。你可以在图上画头发、饰品,或自己认为可以表达情绪体验的任何东西。

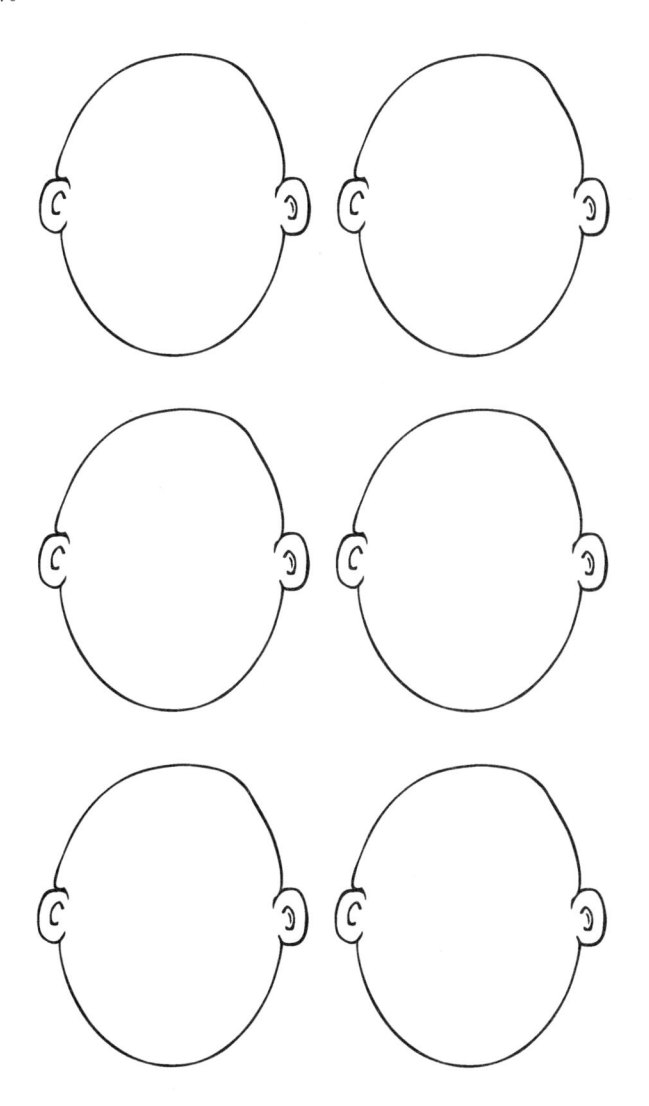

5. 表达愤怒的情绪

◇ 训练目标

帮助孩子知道什么是真正的愤怒，了解哪些因素会引起愤怒这种负面情绪，告诉孩子可以用语言、表情等方式来表达自己的不满，同时也要让对方明白自己心情不佳。教导孩子利用一些有效的方法来控制自己的愤怒。

◇ 训练程序

① 先请孩子回忆平时有没有过生气的经验，并把自己认为最生气的一件事情说出来或画出来。

② 等孩子说完或画完以后，请他把这件事情之所以让自己生气的原因告诉给父母或老师、同伴。

③ 请孩子重复这件引起自己愤怒的事情，并把由于愤怒而引发的情绪感受用动作反应或行为扮演出来。同时，让孩子想一想，这些动作反应或行为有没有不良后果，让孩子列举一些不良后果的例子。

④ 让孩子想一下，愤怒这种负面情绪以及由此产生的反应与行为，给自己和他人都带来了许多不良影响，自己该怎么办？列举出一些办法。如果孩子实在想不出好的办法，要教给孩子一些调控与纾解愤怒的方法，并要求孩子表现出良好行为。

⑤ 告诉孩子，纾解愤怒有几个方法：

第一，想象法。要孩子想象周围充满了自己最喜爱的香味，做深呼吸，把它们吸入身体里面，然后慢慢地吐出来，可以连续做6～9次。

第二，转离法。告诉孩子，当生气或愤怒时，可以先暂时离开避免与对方正面冲突。暂时避开对方，使自己的情绪逐渐平稳下来，然后再去试图解决问题。

第三，转移法。当孩子愤怒的情绪很强烈的时候，告诉他可以到外边尽情地吼叫，或者可以用报纸当球打，或用塑料玩具捶打地板。

◇ **心理分析**

① 孩子一般不大清楚该如何面对负面情绪，尤其是那些愤怒的情绪，有时他们会用非常激进的行为，如动手打人、骂脏话或破坏物品来发泄，结果既伤害了对方，也伤害了自己（比如被父母骂或被处罚）。要告诉孩子，除了用肢体动作行为表示愤怒外，还可以用言语来表示。

② 愤怒情绪可以在任何年龄层次的孩子身上发生，而且表现最为强烈也最频繁，对孩子来说，是最难排解的一种负面情绪。训练的目的是让孩子知道，自己愤怒情绪产生的原因、行为反应和后果是有关联的。

◇ **让孩子思考的问题**

① 当父母或别人的言行使你感到很不高兴时，或他们对你的行为表示不满意时，想一想这时应该怎么办呢？

② 如果因生气或愤怒产生某种行为时，想一下，这种行为对自己、对他人会有什么不良的影响，这时该怎么做？

③ 想一想，自己愤怒时需不需要爸爸、妈妈或老师的帮助？是否经常要求他人来帮助自己来解决那些困扰和愤怒的情绪？

6. 心痛还是身体痛？

◇ **训练目标**

① 帮助孩子学会分辨自己的痛是身体上的痛还是心理上的痛。

② 当身体痛和心痛出现时,用什么办法去克服它们。让孩子回忆"痛"的经历,是身体上的? 或是心理上的?

③ 比较一下,经过训练后,身体痛和心痛时采取应对方式上有什么不同?

◇ **训练程序**

① 首先让孩子回想自己有否"痛"的事情发生。如果有的话(绝大多数孩子会说有过),是一种什么状况? 是一种怎样的感受。

② 根据所述的状况和感受,让孩子分辨是身体上的痛,还是情绪上(心理)的痛。告诉孩子,因为你感受到了痛,所以会有"心痛"的感觉。

③ 让孩子根据父母或老师给孩子描绘的状况,来区分这是身体痛还是情绪上(心理)的痛? 比如:

● 你骑车不小心摔倒擦破皮、流出血来了(身体痛)

● 你最喜欢的玩具找不到了或弄坏了(情绪/心痛)

● 你要好的小伙伴从楼梯上不小心摔下来,头撞破了(小伙伴身体痛/我心痛)

● 爱你的爸爸或妈妈要去国外一年后再回来,你在送他/她走时泪流满面(难过、伤心、心痛/身体痛、流泪)

◇ **心理分析**

① 让孩子学会身体痛和心痛的重要区别。帮助孩子了解,什么是身体痛,什么是心痛,它们之间的不同点主要在哪里。

② 告诉孩子,不管是身体痛或是心痛,都可以想办法来应对它,比如,可以请爸爸、妈妈或老师帮助解决,也可以自己来调节与控制。

③ 如果孩子仍难以区分两种不同的"痛",可以给他举一些例子来加以说明。比如,一个伙伴不分青红皂白揍你一拳,这时你就

具有被打击部位的身体痛,以及无缘无故被打的心痛的愤怒情绪;再比如,某人骂孩子是一个大坏蛋,这时孩子内心是不舒服的(心痛)。

◇ **让孩子思考的问题**

① 要孩子想一下,哪种"痛"是经常会遇到的?身体痛呢?还是心理(情绪)上的痛?

② 询问孩子有没有过同时经历过两种"痛"的经历呢?当时自己是怎样克服或纾解的?

③ 如果以后再次碰到身体上的痛或情绪上的痛的时候,会采取什么办法去调控?用哪些办法可使自己的"痛"减轻些?

心态与行为适应

父母应了解孩子的认知发展,训练孩子突破有限的思维模式以及对事物和事情的固有想法,以平和的心态和坚强的毅力去接纳人生、规划人生,改变在成长过程中的不当作为,用积极进取的态度去面对和解决生活中所面临的困境和压力。

1. 犯错误后……

◇ **训练目标**

帮助孩子认识到每个人都有可能犯错误,学习怎样来接受自己和别人的错误。要让孩子明白,一个人犯了错误,是由各种各样的原因导致的,犯错误并不表示自己是一个"坏孩子"或"笨蛋"。

◇ **训练程序**

① 给孩子讲一个故事,类似于,"龙龙看见妈妈工作很忙,吃完饭后帮助妈妈洗碗,结果不小心把碗摔破了,龙龙大声地哭起来

了"。要让孩子明白,错误有时会不期而至,尽管你有好心。每个人都有犯错误的可能。

②要求孩子说一说,以前曾经犯过哪些错误,是在什么情况下发生的?原因是什么?

③和孩子一起分析错误的原因,然后告诉他们,犯错误并不可怕,关键是要从中吸取教训。

◇ 心理分析

①让孩子明白,犯错误是完全有可能的,但它的产生具有一定的条件和原因。一个人犯了错误并不表示没有能力、是一个坏人或是因为愚蠢。偶尔的错误会被别人原谅,但对自己来说,一定要吸取教训。

②父母往往会轻易地原谅孩子的错误,这是不对的。父母应重视孩子的错误,帮助孩子分析他发生错误的原因,让孩子知道怎样做是对或错;什么是正确与错误,以培养孩子的是非观念。

③孩子往往会无法原谅自己无心犯下的错误,从而增加自己的心理负担。这个训练就是要让孩子知道,错误有时候是难免的,重要的是知错能改,学会从错误中吸取教训,获取宝贵的经验。

④帮助孩子认识到,犯了错误并不表示没有能力。而是要在知错就改的过程中,慢慢地改进自己的心态与行为。同时也要学会能够原谅自己的无心之错。

◇ 让孩子思考的问题

①让孩子想一想自己曾犯过哪些错误?对自己所犯错误有什么内心感受?是觉得自己好笨呢?还是觉得是好心办了坏事?

②要孩子告诉你,故事里的龙龙帮妈妈做事时打碎碗,是不是说明他是个坏孩子?为什么?

③当一个人无心犯了错误,是否代表他很笨?很差劲?没有

能力？当你也像他们那样做错事了（例如，不小心打破了杯子）你该怎么办？是否值得同情与原谅呢？

④ 要求孩子想一想告诉你，自己犯了错误，或者是其他人犯了错误时，应该从中吸取什么教训？学到了哪些经验？

错误不可怕……

请你写下或说出(可以父母帮助写下)自己曾经犯的错误,以及由这些错误中学到的经验。

我偶尔犯下的错误	从错误中吸取的教训和学得的经验
	教训 经验

2. 挫折体验

◇ **训练目标**

孩子在成长过程中会不断地遭遇到挫折。有时,父母看到孩子不会系鞋带、学骑车摔跤或怕陌生人的时候,总是马上跑去帮他做或者边埋怨边帮他做,而孩子往往在遇到挫折后感到十分恐惧、害怕而畏缩不前,或者经历几次尝试不成功就马上放弃努力,有的孩子还会产生负面情绪和破坏性行为。这个训练是帮助孩子正确认知挫折,学会用一些方法来克服成长中遇到的问题。

◇ **训练程序**

① 先让孩子做一些有一定难度的事情,比如,描画、拼图、单脚跳跃、打蝴蝶结或结交陌生人等(一般不会太顺利)。或者让孩子回忆在生活中遇到不能顺利解决的问题而产生的挫折经验。这里需要指出的是,不要要求一些超出孩子能力外的事情,否则会打击孩子的自信心。

② 当孩子尝试几次不成功而放弃或出现生气的表情时,请他来描述自己现有的内心感受,同时想象由于不成功的情境产生了挫折感,考虑一下自己怎么办?

③ 让孩子说一说,当出现挫折时,应该如何去克服这些困难?在克服困难的过程中,想一想学会了哪些新技能?是否产生成就感?

◇ **心理分析**

① 现在的孩子往往备受父母的关爱,很少有自己独立去解决困难的机会。有时他们遇到失败、挫折后往往有着很深的恐惧感;面对困难时,更难得有独自去克服困难的机会。因此,孩子变成了温室里的小花,对外界的环境失去了适应能力。

② 这个训练的目的是要加强孩子面对困难和挫折的认知力，锻炼他们在克服困难的过程中，提高自己的挫折忍受性。

③ 通过教育与训练，让孩子体会到学习就是要不断地努力，不断地面对困难，不断地练习，并且要有毅力，坚持到底。如果中途放弃或被挫折击倒，那么什么都学不到，也掌握不了新的技能。要让孩子学会，在遇到困难时，鼓励自己多动脑筋。多次尝试，不怕挫折，最后终将获得成功。

◇ **让孩子思考的问题**

① 让孩子思考，在学习新事物或新技能时，经历了几次失败？失败时有哪些情绪感受？

② 让孩子回忆，当产生挫折情绪感受时自己是怎么做的？比如，是努力去尝试呢，还是请求爸爸、妈妈或老师的援助？是老用同一种办法去尝试解决呢，还是自己尝试用不同的办法去解决的？

③ 想一想，通过自己的努力克服了困难的时候，心情是怎样的？能够用语言表达吗？

④ 请孩子思考，当爸爸、妈妈或老师要你学习一种新事物或新本领时，再次遭遇到过去相似的困扰与挫折时，你的态度会不会有所不同？为什么呢？

3. 幻想与事实

◇ **训练目标**

在父母或老师教养与培育孩子的过程中，最为关心也最易困惑的是，怎样的方法能够培养孩子的高想象力和高创造力。有些父母很是迷茫，担心自己的教育方式会让孩子迷失在虚无缥缈的想象空间中，使孩子分不清这是想象还是幻想；另一方面，父母又害怕如果事事都是一一对应，又会扼杀孩子丰富的想象力和创造力。

确实孩子往往会把自己的幻想与现实中的事情混淆,但他们具有很强的想象力,这是一个人创造力形成与发展的心理基础。这个训练的主要目的是帮助孩子分清楚什么是幻想,什么是想象,什么是事实?让孩子能够正确地认知哪些事实是可以去实际面对的,哪些是幻想的,哪些是想象,有些在现实生活中是可以实现的。

◇ **训练程序**

① 给孩子讲故事,比如白雪公主、灰姑娘或天鹅湖等童话故事,然后在纸上或黑板上写上"事实"标题栏和"幻想"标题栏。

② 要求孩子根据童话故事里的情节,把可能在现实生活中发生的事情写在或请父母、老师帮忙写在"事实"栏下;把只会发生在童话故事里、属于想象的事情写在"幻想"栏里。

③ 给孩子一张图画纸和彩色笔,让孩子自由创作,画出他们平日里最想做的事情,或者是他们很想成为的一种人物,父母或老师尽量不予提示或暗示,以发挥孩子想象力。

④ 当孩子画完后,请他们解释画的是什么?主题是什么?是由于哪些想法才有画中的想象的?

⑤ 全部完成后,父母或老师要询问孩子,哪些可以在现实生活中实现,哪些是幻想、想象,即不可能在现实的生活中实现。

◇ **心理分析**

① 让孩子能够正确区分童话故事里的内容,哪些是可以在日常生活中存在的事实,哪些是幻想,哪些是想象力的体现。观察孩子在进行区分时有何困难。

② 孩子的想象力如何?是否具有扩大他/她想象力的空间?父母与老师要尽量发掘出孩子的创造力潜能。

◇ **让孩子思考的问题**

① 让孩子想一想,在日常生活中是否有过难以区分事实或幻想的心理困扰?如果有,自己是怎样处理的。

② 要孩子说一说,他为什么会创作出这个主题的作品?有没有什么特定的含义?让孩子回答,是否期望画中的事、人物等会变成现实生活中的事实?

③ 想一想,自己在事实、幻想、想象的练习里,体会与学到了些什么?它们是不是一种很好的训练办法呢?为什么?

4. 我现在是……我希望是……

◇ **训练目标**

培育孩子的想象力、自我了解及敏锐的观察力并发掘其丰富的内心世界。这个训练为提升孩子的情绪智力具有基础作用。

◇ **训练程序**

① 父母或老师请孩子想象,如果自己可以变成某种动物的话,根据自己现实的特质,会是哪种动物呢?例如,小白兔害羞,小马驹急躁,小老虎威猛,大象忠厚,小猴灵活等。请他画出或写下,如果画与写有困难的话,父母或老师给予帮助。

② 然后请孩子说说他希望自己将来成为哪种动物?是否仍然希望成为原来选择的动物。

③ 请孩子回答,他的小伙伴(父母或老师及最亲近的人)现在是哪种动物?同时希望这些最亲近的人成为哪种动物?为什么?

◇ **心理分析**

① 通过这个训练培育与鼓励孩子的想象力和创造力,同时使孩子在自我了解和观察力方面有所提高,因为这些都是情绪智力的主要因素。

② 使孩子在对自己特质有所正确了解的前提下,能够比较准确地了解他人的基本特质,并知道自己的特质与别人的特质既有共同之处,也有不同的地方,为人际交往打下比较扎实的心理基础。

◇ **让孩子思考的问题**

① 让孩子回答,自己与别人的基本特质的异同之处以及是如何导致这种异同的。当然,孩子在回答这些问题的时候可能会感到困扰,此时,父母或老师可以给予提示。

② 让孩子想一想为什么选择这种动物表示自己,为什么选择那种动物来表示你的小伙伴?

③ 请孩子想一下后回答,小伙伴、父母、老师对自己有什么影响?希望他们改变一些特质吗?为什么?

现在的我……将来的我……

你认为自己在现实中是什么动物？希望将来自己成为什么动物？请把它们画下或写下（可请父母或老师帮忙）。

我现在是_____（动物） 特点	我将来是_____（动物） 特点
改变	补充

我的伙伴现在是……

以你自己平时的观察与比较，选择最能代表自己伙伴（可以是父母、老师、小朋友等）的动物，并画出或写出来（可以请父母或老师帮忙）。

我的伙伴现在是_____（动物） 特点	我的伙伴将来是_____（动物） 特点

社交技巧与人际关系建立

一般来说,孩子由于年龄的缘故,其大脑皮层正处于逐渐成熟的过程中,因此,还没有很强的自制力与自控力,有时会不耐心或多动作。由于这些原因,他们就很难听清对方,比如老师、父母和小伙伴的话语,从而影响他对别人的理解,再加上此阶段为"自我中心"时期,更难有对别人的感受,从而影响其人际交往的效果。

1. 仔细听清楚……

◇ 训练目标

帮助孩子学会当别人说话时,努力调节与控制自己的情绪,注意倾听,弄清楚别人传递给自己的信息。同时,要摆脱自我中心的桎梏,能够用自己的言语与行动来安慰别人。通过训练要使孩子知道,在日常生活中,我们经常要受到别人的帮助,同时,也用多种办法来帮助他人。

◇ 训练程序

① 先告诉孩子,今天训练的主题是学会当别人说话的时候,如何去注意听、仔细听,以明白他人要向你传递的信息。

② 父母或老师让孩子闭上眼睛,把两手平放在桌子上,注意听声音是从哪里发出的。猜猜那是一种什么声音?要孩子大胆想象,比如可以拍手、敲桌子、咳嗽、喊叫……发出各种声音。

③ 待孩子知道了倾听与辨别的方法后,父母或老师换一种方法进行。告诉孩子当说"站起来"时,孩子要尽快站立;当说"坐下"时,要尽快坐下;如果说"站起来"时孩子仍坐着,或说"坐下"而仍旧立着,或者还没说,孩子就站起来或坐下来的,就要被淘汰出局,

坚持到最后者给予奖励。

◇ **心理分析**

① 通过训练,使孩子的注意力,即注意倾听的调控力与自制力有所提高。同时,锻炼孩子接收别人传递信息的基础能力,因为这些是社会交往和建立良好人际关系的重要基础。

② 使孩子能够静下心来聆听父母或老师教育的内容和一些指示,同时,也能够体会到应该用哪种态度和同情心来与他人交往,不至于在面对他人时,以紧张、冷漠、逃避,甚至厌恶、愤怒等负面情绪做出反应。

◇ **让孩子思考的问题**

① 让孩子说说,过去和现在在注意与倾听别人说话时有哪些差距?而要弥补这之间的差距,首先要做到什么呢?

② 让孩子分析并说明,自己在父母或老师做的游戏中,为什么经常会出现错误而被淘汰?或者每次都能够正确做出反应而坚持到最后。是怎样做到的?它们之间的差异产生的最重要的原因是什么?

③ 通过训练,是否已经知道怎样与人交往的基本前提,如何感受别人的心情以及准确地做出反应。如果做到了这些,是否想过更进一步该如何去做呢?

听……然后做……

要求孩子遵循父母或老师的言语指示,给图案涂上颜色(图例见下)。

2. 分享与交友

◇ 训练目标

孩子在成长过程中遇到的较大困惑是如何与他人交往,即在离开父母或老师的关照下,自己如何建立与他人的相互关系。在这个阶段,对孩子来说,必须要逐渐形成分享的概念,产生共享、分享的行为,否则是很难进行人际交往的,更不会结交到与他一起玩耍的小伙伴,从而导致他以后在交友方面的困难。

◇ 训练程序

① 先让孩子学习如何与其他人分享。拿出孩子最喜欢吃的东西,例如蛋糕,问孩子,用哪种方法,让爸爸、妈妈、爷爷、奶奶、外公、外婆或小伙伴都可以吃到蛋糕呢?

② 然后,父母把蛋糕切开,均分给在场的每一个人。让孩子说出分享后的内心感受。

③ 再让孩子拿出一些玩具,自己来分发给在场的小朋友,然后要孩子辨别哪些言语表白、愉快的表情、赞许的行为是分享后产生的。

④ 让孩子从中体验到,在与别人交往沟通中通过什么来建立人与人之间的友谊。

◇ 心理分析

① 通过训练,父母或老师要给孩子正确的"分享"概念,因为在这个阶段的孩子是很难做到心甘情愿地把自己最好的东西与他人分享的。

② 帮助孩子在建立分享概念后,分辨出哪些言语、表情与行为是人际互动的好的行为,应该坚持的,哪些是令人难堪的、难以接纳的行为,应该避免及改正的。

③ 使孩子在分享游戏中,悟出要与别人建立友谊,必须要有同情心与分享观念,同时在言语表达、愉快表情与赞许行为上有恰当的表现。让孩子明白成为某一群体中的一员的重要性。

◇ **让孩子思考的问题**

① 要孩子明确地说出,与别人分享有什么好处? 有哪些心理感受? 自己是如何调节与处理的?

② 让孩子思考,一般应该在怎样的状况下与他人分享? 为什么? 在当今,孩子生活在核心家庭(一夫一妻一个孩子)和相对封闭的寓所里,与人交往和结交朋友是极其重要且不可忽视的话题,作为孩子,他在这方面最感困惑的是在哪里?

③ 可以请孩子考虑,为什么有的孩子与他人相处融洽,而有些孩子无法与他人建立友情? 自己是否已经通过这个训练,明白了在有分享概念的基础上,还要通过言语、态度和表情来与别人沟通,或者用以加入别人的活动过程中,逐渐融入而成为某团体的一员。

3. 学会尊重

◇ **训练目标**

孩子经常因为争夺玩具或想加入某一活动而被对方拒绝,或撞倒其他孩子却不说对不起就走开……有许多是别的孩子的不良行为,这会使受伤的孩子感到难过,但是,他会以其人之道,还治其人之身,重蹈他人的不良行为。通过这个训练,使孩子在面对自己的需要与他人的行为之间发生冲突时,知道应该选择哪些方法来加以解决;学会设身处地的为他人着想;学会彼此尊重。

◇ **训练程序**

① 举例让孩子知道如何来面对纷争与冲突。比如,小明在玩

小火车玩具,你也很想玩,但小明不让,一气之下,你把小明的小火车抢过来,小明哭了,去告诉了他的爸爸或妈妈。问孩子,这时候你的心情是否愉快,为什么呢?

② 如果自己感到不愉快的话,用什么办法来解决这样的纷争与冲突呢? 这个时候,由于孩子有满足自己要玩的要求,但没有处理这种冲突的适当办法,结果导致双方都不愉快。

③ 让孩子想一想,当事情发生后(如抢玩具、撞倒小朋友等状况),应该采取哪种解决方案,既不会损害对方,也能够满足自己的要求。如果孩子实在无法想出解决纷争与冲突的方法的话,父母或老师要适时介入,提供一些意见,让孩子来选择。

◇ **心理分析**

① 让孩子知道,为了自己的需要得到满足而采取的行为,有时候不仅会给别人带来伤害(主要是感情上的),同时也会使自己茫然。为此,若希望别人善待自己,首先就要先用尊重的态度去对待他人。

② 希望孩子了解,当纷争或冲突产生时,可以采取双方都有利的办法来解决问题,而这种解决纷争与冲突的技巧在日常生活中都会运用到。比如,在遇到冲突时,先要尊重对方,可以征求他的意见或提出一些建议等。

◇ **让孩子思考的问题**

① 当别人不让你玩自己想玩的玩具或游戏时,你的心情会是怎样的? 在日常生活中,是否有类似于前面提到过的例子发生? 如果有的话,可不可以叙述一下当时的感受?

② 要孩子思考,应该用什么方法来解决这种纷争与冲突? 找出几个解决方案来进行比较,最后确定一个比较好的解决方案,并说出理由。

③ 让孩子想一想，一个人的行为会造成怎样的结果？通过这个训练，有没有获得一种新的启示，当以后再碰到类似情境时，自己会怎样来处理由这种事引起的纷争？用类似的经验来达到彼此之间的尊重，尤其是怎样设身处地地为他人着想。

4. 合作精神

◇ **训练目标**

孩子有很强的想象力，但同时又非常"自我中心"。通过训练，既能够充分发挥孩子天马行空的想象能力，又能够减少"自我中心"，学会认识别人和尊重他人，在共同的活动中达到同一目标。这是这个训练的重要目的。

◇ **训练程序**

① 父母或老师为孩子准备一些图画纸、彩色笔，然后要求孩子（3—4人）根据提示，在图画纸上用彩笔画出一些图形拼图。

② 完成后，要求他们说出所完成的拼图画是什么？是不是通过相互沟通、交流、妥协、合作后完成的作品。

③ 父母或老师当着孩子的面，把拼图用剪刀剪下来，并装在一个大纸袋里。然后让孩子们尽快地把原来画的图画拼出来，在拼图的过程中当看到别人有需要时，不可以抢夺别人的纸片，在拼图中不准说话、不准打人和骂人，最先完成拼图的孩子，即赢得了这个比赛。

◇ **心理分析**

孩子在进行这项训练时，往往会只顾自己拼图而不顾他人，有时会忍不住拿别人的图片，有时又不肯把自己手中的图片给对方，尽管这会加快任务的完成。有时，孩子为了急于完成图形还会打人、推人、抢他人手中的图片，结果反而拖延了任务的完成。所以，要让孩子认识到,完成一项任务或活动,是一种共同创作的过程,应该学会相互之间同心协力,沟通和妥协、合作的方法。

让孩子在玩拼图的游戏中了解到,在一个团体中,如果要使任务顺利完成,为了共同的目标,需要协作、忍让、妥协,要多关心别人的需求,学会合作。

◇ **让孩子思考的问题**

① 想一想,在共同完成的作品中主要想表达一个什么主题?如果画出来的图画并不是原来所想的,是什么原因让你们改变原意的?

② 请孩子说说,在共同的创作过程中,是否遇到沟通、协作方面的困难?又是如何解决这些问题的?在后来的拼图过程中,遇到过什么困难?是如何解决这个困难的?

③ 在这个训练中,自己有什么感受?说一说,如果以后遇到这种需要合作才能完成任务的机会,表现是否会与以前不一样?从中学习到了什么经验?有无帮助?

合作拼图

父母或老师把报纸或年历画剪成小片,根据孩子的年龄和认知能力,既可以简单,也可以复杂些。让孩子(一般为3—5人一组)共同来拼图。

6 情绪智力指导语

告诉孩子"尊重是什么"

尊重在今天备受关注,就像沙漠中的泉水一样——当你觉得没有它的时候,特别渴望拥有它!

对孩子的教育和培养,更需要重视尊重这一品德。心理学研究表明,一个人在年少时形成的对他人、对集体和对社会的行为方式和日常习惯,在以后长大成为社会人的过程中,起着极其重要的作用。童年是孩子"获得"良好品德的重要时期。

父母或老师要经常对孩子传授礼貌、诚实、宽容、慷慨、耐心和善良等观念。也许这些观念还不能用最准确的词汇来表达,但它们是父母或老师想灌输给孩子的内在价值观。孩子听到的许多话语可能是这样的:"我们要排队等待""我们要善待别人""要学会理解别人""做事都要准时到达",等等。

当然,父母或老师教会孩子尊重他人的最好方法,不是言传而是身教,例如:爸爸帮助妈妈做饭;奶奶对爷爷说,很抱歉让他久等了;妈妈帮助你的小伙伴打开汽水瓶盖;老师使同学都有公平的游戏机会。

尊重这一良好的品德,在当今越来越相互依赖的世界里,变得极其重要。毕竟,我们每个人都生活在同一个地球上。

希望通过父母或老师的心理指导,能够让孩子真正认识到尊重的社会价值。

让孩子先说一下,"尊重是什么?"

当听到父母或老师说出"尊重"这一词汇时,孩子极有可能会想到,他所听到的童话故事中,一个仆人向国王鞠躬致敬。孩子把尊重理解为"鞠躬"。

告诉孩子,尊重是一种良好的"品德",它是好人的一种行为表现方式;尊重也是一种关心别人、关心自己和关心世界的方式。当一个人拥有了尊重的良好品德时,就会尽力用慈爱和善良去对待他人和整个世界。

尊重可能意味着起身给老人让座,或者为某人拉门或开门;尊重也意味着礼貌,意味着诚实和公平。

尊重的"黄金法则"

尊重的"黄金法则"是这样的:"以你所期望的别人待你的方式待人。"它的主要的含义是:"你想要别人怎样对待你,你就要怎样地对待别人。"遵循尊重的"黄金法则",你就要显示出对他人的尊重,你就要关心他人的感受与权利。例如:你借了朋友的玩具,你就要像对待自己的东西一样爱惜它。当你归还时,要说:"谢谢你,让我玩得很高兴。"——就像你希望你的小伙伴借你玩具时所表现的那样。

告诉孩子：有些小朋友可能会笑话你这么拘泥形式或者对别人这么有礼貌，但是你要坚持，不要轻易放弃。遵循尊重的"黄金法则"会使你变得有爱心。

怎样来表现尊重？

告诉孩子，当你和小伙伴在玩一个你并不喜欢的游戏时，你就表现出了对他的尊重。你向新伙伴问好和说话的时候，就是你在尊重他。当你带着花去探望你生病的老师或小伙伴，同时表示你的关心的时候，你就在尊重他们。

尊重，又意味着表露自己对某事的赞赏。例如，你对小伙伴说，"我们坐滑滑梯真有趣"，这是你感谢他作为你的伙伴的一种尊重的方式。

另外，在小伙伴等你一起走的时候，或者按时做好玩的准备的时候，也是他表达尊重的一种途径。这说明你在他的心目中是非常重要的。

让孩子说说，哪些是不应该做的？

有些事情与做法是不尊重他人的。让孩子想想，父母或老师可以举例，比如，嘲笑、叫喊、粗鲁、不排队、打架、把自己的房间搞得乱七八糟来接待伙伴。

尊重，意味着不可以拿别人不喜欢的事情取笑他——比如，取笑小伙伴的生理缺陷、打断别人的谈话、抢夺小伙伴的玩具。有时候，有的孩子会对小伙伴做那些他们从不对自己做的事情，比如，他们对小伙伴说一些粗俗的话或者向邻居家玻璃窗扔石头。要让孩子知道，无论和谁在一起，不管做什么，都应该只做正确的事情。

让孩子学会宽容

告诉孩子,如果你的小伙伴喜欢把生番茄放在面条上吃,或者喜欢生吃方便面的话,并不应该被你取笑。要孩子了解,在世界上,人与人之间是有所不同的,而且每个人都有他们自己不同的喜好。有可能,你做的某些事情或有些动作,在别人看来也是很奇怪的。

孩子一般很难理解别人的言论与行为,尤其是那些我们看起来司空见惯的东西。让孩子知道,每个人都是应该得到尊重的——即使是那些你不喜欢的颜色、奇怪的发型或穿着奇装异服的人。

让孩子知道,每个人都可以有他自己不同的观点、口味、感受和习惯,人与人之间也是能够和睦相处的。实际上,换个角度想想,把生番茄放在面条上吃也是不错的哦!

让孩子尝试着去理解别人

尊重别人,就意味着要尝试着去理解别人——去感受别人所感受的。理解一个人的比较好的方法,就是换位思考,即假设你就是那个你要去了解、理解的人。例如,当爸爸做了自己不喜欢吃的食物的话,让孩子想想,如果自己就是家长,试着给家里人做饭。可能因为工作了一天很劳累了,因此就匆匆忙忙。想象一下,当家里人说你做的菜"很难吃""很差劲"的时候,你会有什么感受呢?

要孩子考虑一下:假如你的小伙伴今天很暴躁,那么,你就要试着去了解,他为什么会是这样的。是不是他今天身体觉得不舒服?是不是他在游戏中把心爱的玩具弄坏了?待他的情绪好一些后,是不是要去安慰安慰他?

▎让孩子知道一些"尊重"他人的话

在日常生活中,有一些话语能够让人觉得舒畅,比如"请""谢谢""打扰了""对不起""麻烦你"等。而像"喂,动一下!"或"闭嘴!""给我出去""去你的"等,就不是尊重他人的话语,因为它们会使人心里不舒服。告诉孩子,应该尽量避免说不尊重人的话。

大多数的孩子,基本上已经学会了对家里的每个人说"早上好""我上学校去了"和下午回家说"我回来了""晚安"等。要告诉孩子,当你从学校或小伙伴家回来时说"我回家了",要向家人打一声招呼。每天回家,至少要说"我回来了",而不是马上就问"晚上吃什么?",或者一声不吭地走进自己的房间,直到父母叫吃晚饭。有时,我们使用的语句会伤害别人;有时我们必须要说出某些语句,只有这样,才会免于别人误会。尊重他人,就要努力学会用一些好的语句来代替一些不适当的语句。

▎学会倾听

倾听是一种非常有效的尊重技术,也是一个人表现尊重的一个好方法——特别是当你正处于很忙碌的状态或者正在做其他事情的时候,你的父母或老师,或者是你最要好的小伙伴,试着和你说话的时候,你要暂时放下你手头的事情,看着他倾听他说什么而不是打断他或者不理睬他。当别人正在说话的时候,不要贸然地打断他们的谈话,如果有重要的事情非说不可的话,则要先打个招呼,再说出你要说的事情。养成尊重他人的好习惯。注意不插话、不打断他人说话,也不要贸然说话。

当你生气的时候怎么办？

告诉孩子，和其他人相处时，以一种尊重的方式共同分享彼此被尊重的感受是很好的。这在你们意见不一或是你感到生气时是困难的。但是，在你和别人分享你的感受的时候，是要顾及别人的心理感受的。

你不可以说："喂，你怎么撞到我了？"而应该说："你撞到我了，我真的感到很疼。请你以后小心点，好吗？"

尊重每一个人

尊重的主要含义，是相信世界上每个人都是有价值的。尊重意味着，你理解世界上的每个人都属于我们大家，我们大家属于世界——我们是世界的一部分。

让孩子从书本上或者从电视里了解，世界上有和自己不同的人是有好处的。了解他们的生活、习俗、工作和说话的方式，将有助于孩子以他们的角度来看待生活并且学会尊重他们。

让孩子通过照料小花、小动物等来表现他对环境的尊重。可以试着让孩子尝试废物利用。可以让孩子加入某群体或学校的保护环境团体来学会保护环境和尊重地球。

公平

公平地对待别人也是尊重的重要内容。

有时候，一些人不能得到公平的对待，原因可能是他们年纪太大或是太轻；或者是他们太胖或是太瘦。有时候，一些人不能得到公平的对待，原因是他们的肤色或是他们的信仰。要告诉孩子，世界上的每个人都是值得尊重的。

让孩子明白,尊重可能意味着你要敢于大声为那些不敢为自己说话的人说话。尊重也意味着当你被不公平对待时敢于为你自己说话。

▎期待尊重

要让孩子知道,你也值得尊重！要学会善待自己。在你做了一件好事之后,比如,帮助爸爸种花浇水后,回到房间给爸爸和自己一个特别的款待——比如冰激凌。

在你给别人尊重的时候,你也会从别人那里得到尊重。当你友好地对待别人时,他们也将会更友好地对待你,这是尊重的报答。

虽然这算不上是件大事。但是,有时候一些人恰恰忘了尊重。或者他们还没有学会如何有爱心和友好地对待他人或自己。告诉孩子,你不能控制别人的言行,但是可以控制自己的言论与行为。

▎尊重,是一种好习惯

尊重,并不总是有趣和容易做到的。它需要时间和努力培养。但当它成为习惯时就会比较容易。也就是说你需要经常练习尊重。

兄弟姐妹之间也应该尊重,不管他们是如何对待你的。让你的姐妹看她想看的频道,或让你的兄弟坐在汽车的前头……记住:要相互轮流!

有很多的故事、童话和诗歌可以帮助孩子学会友好和尊重他人。《青蛙和癞蛤蟆》和《麦琪的礼物》就是很好的例子。或者让家人陪孩子一起看节目——如动画片《玩具总动员》《变形金刚》等,告诉孩子,尊重有时就意味着放弃自己的爱好。

尊重,是爱的延伸

当孩子表露出尊重的时候,要花时间去仔细观察、去注意。父母或老师要让孩子知道,一个人往往要比他外在所展现出来的丰富得多。要理解,在一个人的内心,我们都是一样的,我们之间都应该值得尊重。

尊重是爱的延伸。当你尊重他人时,你接受他们本来的样子,没有造作、没有掩饰——连同他们的感受、情绪、情感一起被尊重。然而,当别人尊重你的时候,你就会深切地体会到你被尊重和被爱的愉快心理,这是因为你已经尊重和爱了别人的结果。

告诉孩子,你可以给人们带来更多的爱。关键是要关心、分享和公平……

告诉孩子"愤怒不是错"

要知道,我们每个人都会愤怒,这是人类性格的组成部分。对某些事情、对自己认识的人、对自己不认识的人,甚至是对自己深爱着的人,我们都会愤怒。心理学的研究发现,婴儿有时也会愤怒。小宝宝拼命的哭声中,就有一种用来表明自己愤怒的情绪,而并不是我们所以为的苦恼或者悲伤。

在自己年轻的时候,父母和一些大人都教导我们不要轻易地表露出自己的愤怒情绪,或者教导我们不要对别人说起。有些父母或成年人,甚至认为愤怒是一种不可取的错误观念。可是,心理学知识告诉我们,愤怒是一种情绪,它本身并没有对与错的区分。其实,真正会对我们自己或对周围人产生有益或有害的结果的,是我们对待愤怒的方式方法。

孩子因年幼，往往还不能意识到在愤怒或者心情不安的时候，他其实是可以做出选择的。孩子可能会认为，当时唯一的选择就是愤怒地做一些令别人愤怒的事情，或者说一些令别人受不了的话语。其实，许多成年人有时也一样没有意识到，在愤怒情绪发生时，自己是可以有所选择，而不是在愤怒中失去冷静。然而，无论是大人或小孩，都是在成长过程中逐渐成熟起来的，慢慢会明白，人是可以用健康而有益的方式去处理、去应对和表达自己的愤怒情绪的。

就像父母或老师已经知道的那样，要帮助一个孩子学会应对令人愤怒的事情的最好方法，就是以自己良好的应对愤怒情绪的技巧作为榜样，以身作则。让孩子看到，一个人完全能够通过一些方法来疏导自己的愤怒情绪，并做出积极的改变，比如在言论和行为方面，然后得到了对愤怒情绪控制的积极结果。

父母或老师要让孩子们懂得：在遇到不开心的时候，把愤怒说出来是有好处的，而不是告诉孩子，要用意志力把愤怒强压下去；创造性地、坚强地去对待别人的愤怒情绪也是有意义的。告诉孩子，除了可以用言语来表达愤怒情绪外，还可以通过自己的身体动作，把灰心沮丧、愤怒不堪的情绪发泄出来，这对自己的心理健康很有帮助；告诉孩子，有的时候，学会放弃原来过高的期望和原谅别人对自己的不理解，也是值得的。

生活中必然会有愤怒，它是我们所有人都会经历到的人类情绪范畴中不可或缺的一部分。父母或老师可以通过这方面的心理指导，传授给孩子一些积极的、建设性的方式，帮助孩子处理他们的愤怒情绪，正如成年人自己所用的方式那样。

愤怒，是一种情绪

只要生活在世上，每个人就一定会有快乐、悲伤、恐惧和愤怒等情绪感受,有些人总认为愤怒是错、是不对的。其实并非如此。尤其当你认为自己没有得到公平对待时,就会愤怒,这是很正常的。关键是,对你或你周围的人而言,你如何来表达这种愤怒,那才是问题所在。

愤怒,有时候是一件好事

愤怒就像一团熊熊烈火。火,可以使人产生温暖、保持温暖;火,可以帮助我们烧菜做饭。这些时候,火是有益处的。然而有时,我们会控制不了火势,从而导致灾害。

愤怒的情绪,有时会促使你想办法去改善困境,获得成功。愤怒的情绪,有时会给你强大的力量去努力工作、去解决棘手的问题、去纠正错误,这些时候,愤怒就成为一种推动力量,是件好事。当一个篮球队输掉一场比赛后,愤怒会让队员们在以后的比赛中,在一转身或投篮之中,蕴涵更多的力量。

愤怒情绪也可以促使你对别人说出是什么让你不顺心的事情,甚至可以消除一些误会,然后,共同努力来完成既定目标。

是什么使孩子愤怒?

作为父母或老师要知道的是,孩子有时会觉得自己做的事情必须要达到完美。一旦他认为不能像其他人那样把事情做好的话,就有可能愤怒起来。

孩子有时会说一些让父母或老师愤怒的话,做一些使人愤怒的事,然而他们自己可能根本就没有意识到正在伤害着你。

有时,孩子因为无法解决一个问题或改变某种困境,就会觉得沮丧、感到愤怒。有时,事情就是做不好,这种情况下谁都没有过错。

告诉孩子,知道自己是为了什么生气是很有帮助的。作为父母,当你还在对一只猫发脾气的时候,其实是因为你对自己的孩子还在生气,这才是使你愤怒的潜在原因。

▎愤怒,究竟是一种什么样的感受?

愤怒有时能让自己觉得快要爆炸了。你会觉得脸很热,呼吸加快,心跳加速。你还会觉得自己的手想要抓东西、砸东西或者扔东西,你甚至还会感到自己的脚想要踢东西,或者拼命地奔跑起来,你可能还想对着某人喊叫,或者想大声哭泣。

愤怒会让自己的精力感到亢奋。但是,这种时候,你必须要警惕,要努力地去尽快想出一些安全的方法来运用这些能量,注意不要伤害到你自己、不要伤害到他人,或者破坏公共财产以及他人的物品。

▎为何需要发泄愤怒?

告诉孩子,除非已经有了一些比较安全的方式来发泄自己心中的愤怒,否则可能就会一直指责某人或指责自己——这样就会使自己一直处于愤怒的情绪之中,这种感受是很不好受的,而且有了或带着这种愤怒的情绪,你什么事情也做不好。

要让孩子明白,有时愤怒是"甩不掉的"。如果自己遇到某事而感到愤怒,然后扔东西或打人、骂人,那样就会使另一个人也愤怒起来。最后,你只能以更糟糕的感受而告终,却不可能让自己的感觉好起来。

然而,如果孩子能够找到一些发泄愤怒的好方法,那么,就会使他自己觉得舒服些。甚至,当回想起刚刚自己愤怒时那种表情或语气,就会觉得非常地可笑。

愤怒时，做什么？

如果孩子愤怒时，不知道如何处理的话，他就会感到非常害怕。但是，如果他已经知道愤怒这种每个人都有的情绪，可以通过一些方法来控制与宣泄愤怒的情绪的话，那么，他就可以选择该如何应对愤怒。比如，可以喊叫、扔些东西——或者，尽量保持心理的平静。如果一个孩子能够在愤怒的情绪过程中，保持心理的平静，那么，随后的行为表现就会趋于理智，显示出教养，也体现了很高的情绪智力。

在愤怒情绪发生时，或者突然碰到意料不到的、令人感到十分愤怒的事情时，告诉孩子，这个时候，不要立刻做出些什么，比如说些什么、做些什么……而是尽量使自己的心态平静下来，数数数到10、20或者100，然后思考一下，自己在这个时候，什么才是最应该做的或者是最应该说的。

告诉孩子：你想要指责那个让你感到气愤的人，这种心理状态是十分自然的，也是正常的。关键是，只有你才是生气的人、感到愤怒的人，对方可能并没有任何的感受。对你来说，你才是对愤怒情绪本身可以做点什么的人。考虑一下，是什么事情或话语让你愤怒，然后问问你自己，在这种时候自己能够做些什么才能让自己尽快地感觉好起来？

当你愤怒时，要承认它！

告诉孩子，当愤怒的时候，可以对人说："我生气了！"或"我气疯了！"能够清醒地意识到自己在生气，并且能够让别人知道，这是很重要的。但是尽量不要采取别人受不了的方式表现，比如，尖叫、怪叫或抱怨着把愤怒说出来。

告诉孩子,想办法与那个让你感到愤怒的人谈一谈。告诉他,你的感受和导致这种感受的原因,说:"我气疯了,是因为_____。"也可以告诉他,你需要什么,或者并不需要什么。比如,你可以平静地对你的小伙伴说:"我想要用一下计算机。你用完后,让我也用一下,行吗?"

还要告诉孩子:即使只有"一点儿"生气,也要让别人知道。否则,你会一直生气下去,直到你"非常"生气,到那时,你的愤怒就更难控制了。

发泄愤怒的好方法

作为父母或老师,一定想知道能够用什么安全的方法来表示愤怒,即有哪些方法可以避免由于对愤怒情绪处理不当而伤害别人或者自己,也能够避免日后对自己当时的所言或所做感到后悔。

发泄愤怒情绪的比较安全的做法有:打枕头,用力踩装满填料的袋子,到室外疾跑、找个地方大声地喊叫,把纸揉成团抛或扔,等等。

还可以告诉孩子,不要再去想那些让自己感到愤怒的事。找一个安静的地方——比如,室内的健身器或者户外的一棵大树下,或者找一个小伙伴谈谈自己的感受。

发泄愤怒的不好方法

要让孩子明白,当自己处于愤怒情绪的时候,不要去破坏东西——无论是自己的还是别人的东西。否则,等到平静下来之后,就很有可能会对此感到后悔,而到时要弥补损失就可能困难了。

生气的时候,无论是用话语还是动作,都同样会伤害到他人、伤害到对方的心理感受。愤怒时对人说的话,就如同打了他一拳。

处理愤怒情绪的另外一些好方法

当生气时,先深吸一口气,然后慢慢吐出来。这个时候,自己就会发现不再感到那么愤怒了,或者没有先前那么强烈了,并且可以比较清晰地思考问题了。有时,做一次是不够的,你可能必须多做几次吸气、呼气的动作。

要让孩子熟练地掌握一种调控愤怒情绪的技能,你就需要让孩子多多练习,这样在使用它的时候,他才不会感到困难。如果孩子对自己在一个新游戏中的表现快气疯了的时候,那么你可以告诉孩子,首先需要回顾一下游戏的规则,或者求助在场的其他人。暂时先换个不同的事情做或玩,或者可以先静静地休息会儿,玩一个自己已经熟悉的游戏,使自己的心情稳定下来。

还可以告诉孩子,当自己产生愤怒情绪的时候,可以写个小纸条或者画个图来告诉某个人,比如自己的父母、老师或小伙伴,为了什么事而不开心,或者你因为听谁说的什么话感到气愤,这种做法也是很有帮助的。通过自己说或画,让其他人知道自己的不愉快的心情,然后请他一起来分担。

从大人那里获得帮助

让孩子想一想他最爱的那些人——爸爸妈妈、爷爷奶奶、阿姨叔叔、哥哥姐姐等,他们是用什么办法来处理他们自己的愤怒的。请教他们有哪些处理愤怒情绪的好方法。

孩子对自己认为不重要的事物一般是不会感到愤怒的。告诉孩子,当感到什么事情对自己来说是很重要的时候,就要告诉其他人,以使那些关心自己的人可以明白如何和什么时候来帮助你。

如果你发现你的孩子经常会生气和发怒,那么要让孩子知道,他可以经常找个人说说自己为什么会是这样。是不是在日常生活中，一直都有某些事情或者某些人让自己烦恼，而且还在不断发生？

当别人对你发怒时

当然，在现实生活里，除了你会对某个人发脾气外，有些时候，其他人也会向你发脾气。当一个人对你发怒的时候，告诉孩子，要耐心地听一听他的理由。因为倾听可以帮助你理解别人的处境和别人的心理感受。

也有可能你需要问问别人为什么生气，你可以帮助他发现他正在生气，也能够帮助他想出处理愤怒情绪的最佳方法。

原谅别人，也原谅自己

告诉孩子，如果自己在愤怒时伤害了别人或者损坏了别人的东西的时候，就要说声"对不起"。自己要在内心保证下次不会再这么做了，一定会比现在做得更好些。当别人原谅了你的时候，你也要原谅自己，不要再背负着沉重的心理压力。

要让孩子明白，仅仅因为你使另一个人生气了、愤怒了，并不是说你已经不爱对方或对方也不再爱你了。此时，你或许需要表达"我爱你"之类的话，然后，你们可以再相互谈谈生气的原因。

每个人都会由于各种原因偶尔生气和愤怒。生气或愤怒并不是错误。而是你将如何来正确地、冷静地处理愤怒，你所使用的具体方法是否恰当，这才是导致不同结果的关键。

告诉孩子"是非是什么"

孩子并非生来明辨是非。于是,社会希望通过对他们教育,通过父母和老师的引导,以及他们自己的努力使孩子成长为有高素质、有责任心的社会有用人才。为了把是非观念逐渐地灌输给孩子,作为父母或老师,要认识到孩子的道德发展所要经历的各种阶段。

3岁左右的孩子,总认为"我干什么都是对的"。这个时候,由于想通过自己的言语与行为来取悦父母或老师或其他成年人,孩子会学做一些正确的事情。

低年级的小学生,会考虑"谁或什么事会对我有哪些好处",他们开始可以接受诸如"利他"等社会心理概念——这主要是因为他们在实际的活动中发现,对某人好或坏,对方也会采取类似的做法来对待自己,从而具有某些"公平"的观念。

中、高年级的小学生开始用社会赞许、别人赞扬来指导自己的言论与行为。

到了中学,他们为了保证"自己的信念系统"比较平稳地运作,开始获得自信心和尊重感。理想的话,他们会用一个比较完善的是非道德观来判断不同生活情境下的成年人。

父母和老师不一定能控制孩子何时、如何经历道德发展的每一个阶段,但是,他们却可以引导孩子们沿着正确的方向前进。家庭与班级是能够观察到那些立竿见影且效果稳定的道德行为的。

同时,父母和老师要注意捕捉孩子们所做的每一件被社会道德认可的正确的事,与孩子分享快乐、富于爱心的情感和所做出的正确决断,并予以及时的表扬。更重要的是,父母和老师需要明确,自己的言论与行为所传达的信息对孩子有巨大的影响。

的确,在通往受到社会赞誉的道德征途上,在孩子从心理与行为上,必然经历着一个曲折的过程,有些孩子的道路甚至会更加曲折。但社会所赞誉的价值观念会引导孩子们健康成长,并将成为其坚强的精神支柱,尤其是在"心理狂飙"的青春期内。以父母和老师自身的道德信念为引导,向孩子提供耐心持久的帮助,就能够为孩子们树立起坚定的是非观念,就能在父母或老师和孩子之间开启一扇身心健康的有益之门。

对或错,赢或输

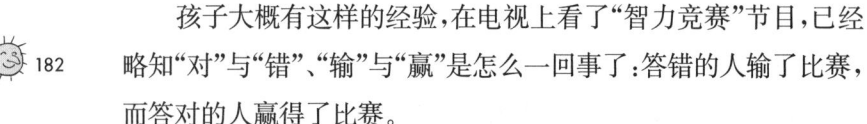

孩子大概有这样的经验,在电视上看了"智力竞赛"节目,已经略知"对"与"错"、"输"与"赢"是怎么一回事了:答错的人输了比赛,而答对的人赢得了比赛。

这种节目,有点儿像人生中所碰到的"是"与"非"的状况。当你做错了一件事的时候,就输掉了;若是你做了正确的事情,就"赢"了。

另外,如果你抢了小伙伴的鼠标、键盘,他就失去了玩电脑游戏的机会。小伙伴就会因此离你而去,你最终也会失去别人的"公平"与"友善"的机会。如果孩子具有社会道德观念,采取轮流玩或一起玩的办法,那么结果又会是怎样的呢? 结果是两个孩子都赢,两个孩子都高兴,两个孩子的友谊得到增长!

分清对与错

让孩子明白,要分清面对的问题是对还是错的最简单方式,就是先问问自己:这样做或这样说,会不会伤害别人的情感,甚至伤害自己? 会不会损害别人的东西? 如果会,那它一般来说就是错的!

如果一个小伙伴在车上踢了你一脚,你马上回踢他一脚,就是错误的,因为这会伤害到他。你知道这个后果,是因为他踢你后你就感受到了痛。

那么,如果你为了报复他,撕碎了他的本子又如何呢?这错了——因为这将损害属于他的东西。

如果你说:"我不喜欢被你踢到——请你不要再这样做了。"结果又会怎样呢?正确!这有助于解决双方发生的问题而不伤害到任何人或任何物体。

遵守规矩

家里和学校里的规矩可以帮助孩子了解什么是对什么是错。如果孩子不遵守这些规矩的话,就会受到某种形式的惩罚,比如罚站或者被批评。

但是,有时候,孩子做错了事却没被发现,比如孩子在吃晚饭前买了小甜点吃——但没人看到。这样可以吗?

告诉孩子,这样做是不行的。不能仅仅因为自己侥幸没有被父母发现,就认为这样做是对的。因为,这样做你仍然伤害了自己,破坏了自己的食欲,最终会影响到自己的身体。

做正确的事情

每个人都想要做正确的事情,因为每个人并不想伤害其他人。每个人都想要用自己希望别人对待自己的方式来对待别人。

如何成为一个好人?首先是要做一个有爱心的人。因为有爱心的人,往往会去帮助别人、待人温和、与人分享和宽容理解。

另外,爱心还能够使人去关爱他人。爱心能够使人与人之间互帮互助。如果一个人不具有爱心,就有很大的可能会伤害别人甚至伤害自己,就会让朋友离你而去,就会得不到朋友的忠告而经常做错事,就会使自己离群索居,就会使自己不断地品尝由此导致的苦果。

良心

给孩子举一些这样的例子。比如,在卡通片中,往往会出现这样的情况:某个人艰难地在做决定时,总有一个小天使站在他的一边肩膀上,在他的耳边告诉他,要做正确的决定,要做正确的事情;还有一个小魔王站在他的另一边肩膀上,教他做错误的决定,鼓动他去做错误的事情。

这当然不会在现实生活中出现与发生。但是,告诉孩子,一个人的"良心",就有点像那个小天使。"良心"是帮助你做出正确决定,鼓励你去做正确事情的一种内在心理感受。当你做错事时,你的良心就会感到不安,你就会感到内疚,你就会感到羞耻。希望孩子总是听从"小天使"的话,不去做错误的决定,不去做错误的事情。

人都会犯错

当然,还要让孩子明白的是,人无完人。一个人如果做错了事情,伤害了某人,只要敢于承认错误并且真诚道歉,以后吸取教训,就能成为一个越来越好的孩子。

作为父母和老师来说,要知道孩子犯了错误后的心情是很不好的,这种时候,就要设法想出一些办法,让他感受好些。比如,为他画一幅画,告诉他你也很遗憾。或者告诉他,打破了的东西是不能再恢复的,以后小心就是了,或者要他归还被他拿走的东西。

总之，要让孩子知道，世界上每个人都会犯错误，关键是要正确对待，吸取教训，宽恕别人，同时也要宽恕自己，求得他人的谅解。

愉快与糟糕

孩子有时会感到，自己这一天过得很糟糕。这个时候，也许表明孩子产生了一些厌倦情绪，表现为总在抱怨着什么。也许他的小伙伴在激惹他；或许他真的很想做一些不被父母及老师允许的事情。

告诉孩子，在这种时候，当自己还不能改变自己糟糕的情绪感受时，是可以改变自己的言语与行为的。比如，当自己感到恼火的时候，不是非采取暴跳如雷的行为不可；当自己感到小伙伴很讨厌的时候，不是非得朝他大喊大叫不可；也不是非得不声不响地偷偷使用爸爸新买的钻头来钻玩具不可。

让孩子知道，当自己不满意的时候，可以控制住自己的嘴巴和手脚。要学会去做正确的决定和正确的事情。"你不能改变别人，也不能控制别人做些什么，说些什么，但是却可以控制你自己的言语与行为"，这就是高情绪智力者的表现。

撒谎与作弊怎么办？

如果孩子打碎了灯泡，却撒谎说是另一个人干的，那么，父母或老师一定要告诉他，这种做法是错误的，因为它伤害了被冤枉的那个人，为此那个人受到了家长或老师的责备。同时，你也伤害了你自己的诚实和担当。如果一个孩子养成了撒谎的坏习惯，那么人们就再也不会相信你了。到了你最需要人帮助的时候，就不会有人来帮助你。

告诉上学的孩子,不要在考试的时候作弊。如果你在考试的时候,由于不会做题目,就偷偷看一眼旁边同学的试卷,那你就会伤害自己。老师因为你的作弊,不知道你没有学好这门课程,那么你就有可能在后面的学习内容上不理解,就会跟不上以后的课程进度。

告诉孩子,不要去偷你喜欢的东西。比如,孩子偷了一盒游戏集卡。这种行为看似小事情,但是,它伤害了店主,因为他是要靠卖这些东西来赚钱养家的,供自己的孩子上学的。同样,这也会伤害你的良心,因为你已经知道偷东西是不对的,是要受到谴责的。

合群与赞同

有时候,孩子们会认为,他们非得像其他孩子那样才会讨人喜欢。想要得到他人的赞扬是很正常的。但是,认为非要得到赞扬才能合群,甚至对那些错误的事情放弃原则,给予赞扬才能合群的话,那就会遇到麻烦。

比如,当小伙伴约你一起去逛街时,他总是扔石子打破人家的玻璃窗。你知道将人家的玻璃窗打破是不对的,但你不想让你的朋友说你是胆小鬼,所以无动于衷,担心自己说出来伤了和气。

告诉孩子,他的这种想法是不对的。要相信自己的判断,要坚持自己的是非观念。牢牢记住:"想叫你去做坏事的朋友根本不是真正的朋友。"这种时候,告诉孩子,可以采取另外的一些方法,比如:可以建议干点儿别的什么事情,或者说句"算了,我不丢"就走开,以自己的言语与行为来影响你的小伙伴,使他也采取正确的做法。

打架与暴力

孩子可能曾在一些电视节目中看到对"坏蛋"拳打脚踢的暴力

场面。这些镜头向孩子传递了许多错误的信息。

要告诉孩子,只有在极少的情况下,当人们自身的生命财产、国家利益受到威胁时,他们才需要奋勇反击,这种行为称为"自卫"。只有在这种情况下,通过暴力来"伤害"别人才是有道理的,才是正当的。

要孩子明白,当自己由于某种原因,在和别人争论时,除了用打架的方法来处理外,还可以选择其他许多解决矛盾和问题的方式,比如:可以相互之间进行讨论,或者径直走开。用打架的方式来解决小伙伴之间的矛盾是不对的。要学会用自己的智慧和情绪智力来解决矛盾,这是高情商的一种表现。

困惑

在日常生活中,有些事情的对与错并不是很明确、很明显的。比如,你因为想看书而逃避体育课,对不对?逃课当然是不对的。但是,你有了更多的时间来读自己喜欢的图书,来做自己喜欢做的事情。但是,身体素养对一个人的成长起着重要的作用,事后可能你会后悔当初自己没能坚持上课。

如果你要做决定,解决心中的困惑,就先尽量把所有可能发生的好事情和坏事情统统列出来。也许一旦写到纸上的时候,就会一目了然,心中的困惑也就会迎刃而解了。

多读好书是有益的。书籍永远是人类的好朋友,它可以给你最美好的东西、最渊博的知识,解决你心中的疑惑。让书和已经读了很多书并已经理解了精髓的父母和老师来指导你做出正确的选择吧!

做个好孩子,做些好事情

作为父母来说,要让孩子知道,做个好孩子不仅仅要知道不应该做什么,还应该知道应该做些什么。

不去弄脏邻居家的窗户,不在公共场合大声喧哗是对的,而去帮助邻居老奶奶、老爷爷搬搬东西是好的;不去辱骂其他小朋友是对的,而能够邀请他们一起玩玩具是好的。

帮助那些被别人无缘无故欺侮的人是好的,尤其是当他们由于种种原因不能为自己辩护时——比如,也许他们太害羞了或者是聋哑人。

告诉孩子,好孩子仅仅保证自己遵守规矩是不够的,好孩子还应该要超越这些规则——去帮助需要帮助的人、去给予弱势孩子爱心、去维护社会正义和去做力所能及的好事情。

更美好的世界

听听新闻报道,看看电视,就可以知道世界上还有多少坏事正在发生。但是,邪不压正。告诉孩子,通过每个人的努力,可以让世界变得更美好。

让孩子从小就知道,不要去报复那些曾经伤害过你的人,这样就会使这个世界更加和平;每次你在维护别人,尤其是维护那些需要帮助的人的权益时,你就会使这个世界更加公正;每当在做选择时,做正确的事情而不是去做错误的事情,你就会使这个世界更加美好。让孩子记住的最重要的一点就是:去做那些让人间充满爱心的事情,那就不会有错!

图书在版编目(CIP)数据

怎样培养高情商的孩子/梁宁建著.—上海:上海社会科学院出版社,2019
 ISBN 978-7-5520-2935-2

Ⅰ.①怎⋯ Ⅱ.①梁⋯ Ⅲ.①情商-儿童教育-家庭教育 Ⅳ.①G782

中国版本图书馆 CIP 数据核字(2019)第 209317 号

怎样培养高情商的孩子

著　　者：梁宁建
责任编辑：赵秋蕙
封面设计：黄婧昉
出版发行：上海社会科学院出版社
　　　　　上海顺昌路 622 号　邮编 200025
　　　　　电话总机 021-63315947　销售热线 021-53063735
　　　　　http://www.sassp.cn　E-mail: sassp@sassp.cn
照　　排：南京理工出版信息技术有限公司
印　　刷：上海景条印刷有限公司
开　　本：890 毫米×1240 毫米　1/32
印　　张：6.375
字　　数：145 千字
版　　次：2020 年 1 月第 1 版　2020 年 1 月第 1 次印刷

ISBN 978-7-5520-2935-2/G・878　　　　定价：42.80 元

版权所有　翻印必究